이스라엘의 역사와 교회사

박 기 묵

청목출판사

저자 인사말

이 책은 성경에 나타난 역사 부분과 교회사를 정리하여 일반 사람들이 성경을 보았을 때 쉽게 이해할 수 있도록 하기 위해 정리한 것입니다. 사람들이 성경을 매우 어려운 책으로 생각하거나, 성경에 대한 기본적인 지식이 없기 때문에 성경을 읽으려고 생각하지 않는 경향이 있다는 것을 알았습니다. 그래서 구약의 역사와 관련된 부분과 신약에서 예수님의 행적과 바울의 전도여행, 그리고 사도 시대 이후 현재까지의 교회 역사 등을 간단히 요약·정리하고 싶은 생각이 있었습니다. 마침 이번에 기독교역사론 과목을 강의해야 하는 의무감이 생겼기 때문에 강의를 위한 교재를 개발한다는 생각으로 이 책을 쓰게 되었습니다.

이 책에서 가장 아쉬운 부분은 창세기 1~11장까지의 인류의 일반 역사 부분에서는 그 내용들이 성경 본문에 대한 문제를 제기하는 방향으로만 제시되어 있다는 것입니다. 이 부분에 대한 보완이 다음 번 개정판에서는 이루어질 것입니다. 처음 책을 내다보니 아주 미비한 부분이 있습니다. 그래서 이 부분의 미비점은 강의를 직접 녹화한 CD를 통해 보완될 수 있을 것입니다. 특히 창세기 1~11장까지의 강의는 지금까지 이 분야의 일반 해석과는 완전히 차별적인 해석부분이 있기 때문에 이 부분이 이 책의 창의적인 부분이라 할 수 있을 것입니다. 독자들은 이 부분에 대한 것만 잘 소화한다면 진짜 진리의 세계 속으로 들어갈 수 있는 길을 찾을 수도 있을 것으로 생각됩니다.

이 책을 소화하면 현재 기독교의 현 주소를 파악할 수 있는 안목이 만들어질 것으로 생각됩니다. 가능한 복잡한 것은 피하려고 노력하였지만 꼭 필요하다고 생각되는 것은 모두 포함시켰습니다. 조금의 노력만 하면 이 책을 통해 많은 영적세계에 대한 정보를 얻을 수 있을 것으로 생각합니다. 성경을 20여 년 보면서 내내 해보고 싶었던 것을 간단하게나마 정리를 할 수 있어서 다행이라 생각합니다. 이 책은 사실 강의용으로 쓰여진 것입니다. 따라서 강의를 듣지 않고 이 책만으로는 제가 전달하고자 하는 영적 지식의 정보를 다 얻지는 못할 것이라 생각됩니다. 이 책과 강의를 들으면 정말 놀라운 진리의 세계를 발견할 수 있고, 그것을 가질 수 있을 것으로 생각됩니다. 저는 많은 사람들이 이러한 세계를 알 수 있기를 고대합니다. 감사합니다.

저자 박기묵

차 례

◆ 부록

Ⅰ chapter

구약성경에 나타난 인류의 일반역사

1. 하나님의 창조1(창세기1:1-13)

"태초에 하나님이 천지를 창조하시니라 땅이 혼돈하고 공허하며 흑암이 깊음 위에 있고 하나님의 신은 수면에 운행하시니라 하나님이 가라사대 빛이 있으라 하시매 빛이 있었고 그 빛이 하나님의 보시기에 좋았더라 하나님이 빛과 어두움을 나누사 빛을 낮이라 칭하시고 어두움을 밤이라 칭하시니라 저녁이 되며 아침이 되니 이는 첫째 날이니라

하나님이 가라사대 물 가운데 궁창이 있어 물과 물로 나뉘게 하리라 하시고 하나님이 궁창을 만드사 궁창 아래의 물과 궁창 위의 물로 나뉘게 하시매 그대로 되니라 하나님이 궁창을 하늘이라 칭하시니라 저녁이 되며 아침이 되니 이는 둘째 날이니라

하나님이 가라사대 천하의 물이 한곳으로 모이고 뭍이 드러나라 하시매 그대로 되니라 하나님이 뭍을 땅이라 칭하시고 모인 물을 바다라 칭하시니라 하나님의 보시기에 좋았더라 하나님이 가라사대 땅은 풀과 씨 맺는 채소와 각기 종류대로 씨 가진 열매 맺는 과목을 내라 하시매 그대로 되어 땅이 풀과 각기 종류대로 씨 맺는 채소와 각기 종류대로 씨 가진 열매 맺는 나무를 내니 하나님의 보시기에 좋았더라 저녁이 되며 아침이 되니 이는 셋째 날이니라"

1. 창세기 1장 1절에서는 태초에 하나님이 천지를 창조하시니라고 말씀하고 있습니다. 여기서 천지의 창조는 태초이며 하나님은 그 이전에 계셨다는 것을 말씀하고 있습니다. 하나님은 언제부터 계셨을까요? 세상은 처음이 있었다고 말씀하고 있습니다. 그것은 언제일까요? 여기서 천지는 무엇을 의미하는 것일까요?

2. 하나님은 첫째 날에 빛을 창조하십니다. 이 빛은 무엇을 의미할까요? 이 빛은 요한복음 1장 9절(참빛 곧 세상에 와서 각 사람에게 비취는 빛이 있었나니)의 참빛과는 같은 것일까요, 아니면 다른 것일까요? 다르다면 왜 다를까요?

3. 우리는 본문에서 하나님의 창조의 속성을 알 수 있습니다. 그 창조의 속성은 무에서 유를 창조하는 것입니다. 하나님은 무엇으로 무에서 유를 창조하셨을까요? 이 하나님의 창조속성은 오늘날 우리들에게 어떻게 적용될까요?

4. 하나님은 둘째 날에 궁창을 만드시고 셋째 날에 땅과 바다, 풀과 씨 맺는 채소와 각종 씨 가진 열매맺는 과목을 만드십니다. 우리는 여기서 히브리민족의 우주관을 추측할 수 있습니다. 창세기는 히브리민족에게 전해 내려온 하나님의 창조역사를 모세가 기록에 옮긴 책입니다. 따라서 히브리민족의 우주관의 관점에서 하나님의 창조를 이해하여야 할 것입니다. 히브리민족의 우주관은 어떤 것일까요? 그들은 하나님이 어디에 계신다고 생각했을까요? 음부는 어디라고 생각했을까요?

2. 하나님의 창조2(창세기1:14-31)

"하나님이 가라사대 하늘의 궁창에 광명이 있어 주야를 나뉘게 하라 또 그 광명으로 하여 징조와 사시와 일자와 연한이 이루라 또 그 광명이 하늘의 궁창에 있어 땅에 비취라 하시고 (그대로 되니라) 하나님이 두 큰 광명을 만드사 큰 광명으로 낮을 주관하게 하시고 작은 광명으로 밤을 주관하게 하시며 또 별들을 만드시고 하나님이 그것들을 하늘의 궁창에 두어 땅에 비취게 하시며 주야를 주관하게 하시며 빛과 어두움을 나뉘게 하시니라 하나님의 보시기에 좋았더라 저녁이 되며 아침이 되니 이는 넷째 날이니라

하나님이 가라사대 물들은 생물로 번성케 하라 땅위 하늘의 궁창에는 새가 날으라 하시고 하나님이 큰 물고기와 물에서 번성하여 움직이는 모든 생물을 그 종류대로, 날개 있는 모든 새를 그 종류대로 창조하시니 하나님의 보시기에 좋았더라 하나님이 그들에게 복을 주어 가라사대 생육하고 번성하여 여러 바다 물에 충만하라 새들도 땅에 번성하라 하시니라 저녁이 되며 아침이 되니 이는 다섯째 날이니라

하나님이 가라사대 땅은 생물을 그 종류대로 내되 육축과 기는 것과 땅의 짐승을 종류대로 내라 하시고 (그대로 되니라) 하나님이 땅의 짐승을 그 종류대로, 육축을 그 종류대로, 땅에 기는 모든 것을 그 종류대로 만드시니 하나님의 보시기에 좋았더라 하나님이 가라사대 우리의 형상을 따라 우리의 모양대로 우리가 사람을 만들고 그로 바다의 고기와 공중의 새와 육축과 온 땅과 땅에 기는 모든 것을 다스리게 하자 하시고 하나님이 자기 형상 곧 하나님의 형상

대로 사람을 창조하시되 남자와 여자를 창조하시고 하나님이 그들에게 복을 주시며 그들에게 이르시되 생육하고 번성하여 땅에 충만하라, 땅을 정복하라, 바다의 고기와 공중의 새와 땅에 움직이는 모든 생물을 다스리라 하시니라

하나님이 가라사대 내가 온 지면의 씨 맺는 모든 채소와 씨 가진 열매 맺는 모든 나무를 너희에게 주노니 너희 식물이 되리라 또 땅의 모든 짐승과 공중의 모든 새와 생명이 있어 땅에 기는 모든 것에게는 내가 모든 푸른 풀을 식물로 주노라 하시니 그대로 되니라 하나님이 그 지으신 모든 것을 보시니 보시기에 심히 좋았더라 저녁이 되며 아침이 되니 이는 여섯째 날이니라"

1. 하나님은 넷째 날에 해와 달을 창조하신 다음 징조와 사시와 일자와 연한을 이루게 하십니다. 이는 궁창 창조물들의 질서있는 운행을 의미합니다. 궁창 창조물들의 질서는 무엇에 의해 운행되는 것일까요? 궁창 창조물들의 운행은 멈춰질 수 있을까요? 또한 하나님은 넷째 날에 일자와 연한을 이루시는데 우리들과 하나님의 날의 개념은 어떻게 다를까요?

2. 하나님은 다섯째 날에 바다에 물고기와 궁창에 새들을 창조하십니다. 하나님은 이들에게 복주시어 가라사대 생육하고 번성하여 충만하고 번성하라고 말씀하십니다. 우리는 여기서 하나님이 창조물들이 어떻게 되기를 원하시는지를 알 수 있습니다. 어떻게 되기를 원하실까요? 오늘날은 무엇이 어떻게 되기를 원하실까요?

3. 하나님은 여섯째 날에 사람을 창조하십니다. 사람은 어떻게 창조되었을까요? 사람들이 맡은 임무는 무엇일까요? 오늘날의 사람들은 이 임무를 잘 수행하고 있을까요? 이 임무를 잘 수행하고 있지 못하다면 왜 그럴까요? 주로 어떤 사람들이 이 임무를 수행하지 못할까요?

4. 하나님의 창조는 무에서 유를 창조하는 것이었습니다. 오늘날 하나님의 형상을 입은 사람들은 무에서 유를 창조할 수 있을까요? 창조할 수 있다면 어떻게 무에서 유를 창조할 수 있을까요? 무에서 유를 창조하는 대표적인 것은 무엇일까요?

3. 에덴동산의 창설(창세기2:1-17)

“천지와 만물이 다 이루니라 하나님의 지으시던 일이 일곱째 날이 이를 때에 마치니 그 지으시던 일이 다하므로 일곱째 날에 안식하시니라 하나님이 일곱째 날을 복 주사 거룩하게 하셨으니 이는 하나님이 그 창조하시며 만드시던 모든 일을 마치시고 이 날에 안식하셨음이더라

여호와 하나님이 천지를 창조하신 때에 천지의 창조된 대략이 이러하니라 여호와 하나님이 땅에 비를 내리지 아니하셨고 경작할 사람도 없었으므로 들에는 초목이 아직 없었고 밭에는 채소가 나지 아니하였으며 안개만 땅에서 올라와 온 지면을 적셨더라 여호와 하나님이 흙으로 사람을 지으시고 생기를 그 코에 불어넣으시니 사람이 생령이 된지라

여호와 하나님이 동방의 에덴에 동산을 창설하시고 그 지으신 사람을 거기 두시고 여호와 하나님이 그 땅에서 보기에 아름답고 먹기에 좋은 나무가 나게 하시니 동산 가운데에는 생명나무와 선악을 알게 하는 나무도 있더라 강이 에덴에서 발원하여 동산을 적시고 거기서부터 갈라져 네 근원이 되었으니 첫째의 이름은 비손이라 금이 있는 하윌라 온 땅에 둘렸으며 그 땅의 금은 정금이요 그곳에는 베델리엄과 호마노도 있으며 둘째 강의 이름은 기혼이라 구스 온 땅에 둘렸고 셋째 강의 이름은 힛데겔이라 앗수르 동편으로 흐르며 넷째 강은 유브라데더라

여호와 하나님이 그 사람을 이끌어 에덴 동산에 두사 그것을 다

스리며 지키게 하시고 여호와 하나님이 그 사람에게 명하여 가라사대 동산 각종 나무의 실과는 네가 임의로 먹되 선악을 알게 하는 나무의 실과는 먹지 말라 네가 먹는 날에는 정녕 죽으리라 하시니라"

1. 하나님은 일곱째 날에 그 지으시던 모든 일을 마치시고 안식하십니다. 하나님은 일곱째 날에 안식하셨기 때문에 그 날을 복주사 거룩하게 하셨습니다. 그래서 일곱째 날은 거룩한 날이 되었습니다. 거룩한 날의 의미는 무엇일까요? 유대인들의 안식일은 어떤 날일까요? 오늘날의 주일은 어떤 날일까요? 진정한 안식일은 언제일까요?

2. 처음에 창조된 땅에는 초목과 채소가 없었고, 비도 없었고, 안개만 지면에 있었습니다. 하나님은 이러한 땅을 어떻게 변화시키십니까? 그리고 하나님이 흙으로 사람을 지으십니다. 여기서 흙은 영어로 "The Dust of the Ground"라고 번역되고 있으며, 원어도 먼지라는 뜻입니다. 이는 우리들에게 무엇을 알려줄까요? 하나님은 흙으로 만들어진 사람의 코에 생기를 불어넣어 생령이 되게 하십니다. 우리는 이러한 하나님의 하시는 일을 통해 하나님의 또 다른 하나의 속성을 알 수 있습니다. 그것은 무엇일까요?

3. 하나님은 동방의 에덴에 동산을 창설하십니다. 이 동산은 하나님이 지으신 사람을 두시기 위한 공간입니다. 여기에 보기에 아름답고 먹기에 좋은 나무를 나게 하셨습니다. 그리고 동산

가운데 생명나무와 선악을 알게 하는 나무도 두었습니다. 그리고 4개의 강도 두었습니다. 에덴동산 중앙에 위치한 생명나무와 선악을 알게 하는 나무를 통해 우리는 무엇을 알 수 있을까요? 지금 이 시대의 생명나무는 어떤 것일까요?

4. 하나님은 사람에게 에덴동산을 다스리게 하시고 지키게 하신 다음 사람에게 첫 번째 법을 주십니다. 그것은 무엇이며 왜 그 법을 주셨을까요? 하나님은 이 법을 통해 사람에게 무엇을 알려주십니까?

4. 하나님이 돕는 배필인 여자를 만드심(창세기2:18-25)

“여호와 하나님이 가라사대 사람의 독처하는 것이 좋지 못하니 내가 그를 위하여 돕는 배필을 지으리라 하시니라 여호와 하나님이 흙으로 각종 들짐승과 공중의 각종 새를 지으시고 아담이 어떻게 이름을 짓나 보시려고 그것들을 그에게로 이끌어 이르시니 아담이 각 생물을 일컫는 바가 곧 그 이름이라 아담이 모든 육축과 공중의 새와 들의 모든 짐승에게 이름을 주니라

아담이 돕는 배필이 없으므로 여호와 하나님이 아담을 깊이 잠들게 하시니 잠들매 그가 그 갈빗대 하나를 취하고 살로 대신 채우시고 여호와 하나님이 아담에게서 취하신 그 갈빗대로 여자를 만드시고 그를 아담에게로 이끌어 오시니 아담이 가로되 이는 내 뼈 중의 뼈요 살 중의 살이라 이것을 남자에게서 취하였은즉 여자라 칭하리라 하니라

이러므로 남자가 부모를 떠나 그 아내와 연합하여 둘이 한 몸을 이룰찌로다 아담과 그 아내 두 사람이 벌거벗었으나 부끄러워 아니 하니라”

1. 본문에서는 하나님이 흙으로 각종 들짐승과 공중의 새들을 지으시고 아담이 이름을 짓는 것을 보여줍니다. 우리는 여기서 하나님의 하신 일과 아담이 한 일을 알 수 있습니다. 이 일의 차이는 무엇일까요? 하나님이 아담에게 일을 시키신 것은 아담에게 무엇을 주신 것일까요?

2. 하나님은 사람인 아담이 독처하는 것이 좋지 못하여 그를 위해 돕는 배필을 짓습니다. 하나님은 아담의 갈빗대를 취하여 돕는 배필인 여자를 만드십니다. 하나님이 여자를 아담에게 이끌어 오시니 아담은 내 뼈 중의 뼈요 살 중의 살이라고 말합니다. 우리는 이 아담의 고백을 통해 무엇을 알 수 있을까요? 하나님이 여자를 만드시면서 인류 최초로 인간과 인간과의 관계가 시작되는 것을 볼 수 있습니다. 남자와 여자와의 관계가 시작됩니다. 남편과 아내와의 관계가 시작됩니다. 어떤 관계일까요? 우리는 여기서 하나님의 또 다른 속성을 알 수 있습니다. 그것은 무엇일까요?

3. 창세기 1장과 2장까지는 하나님의 근본적인 속성인 사랑은 직접적으로 보여지지 않습니다. 하나님의 사랑의 속성이 나타나지 않은 이유는 무엇일까요? 그러면 하나님의 사랑의 속성은 언제 나타날까요? 하나님의 사랑은 무엇일까요?

4. 아담은 하나님의 형상을 따라 하나님의 모양대로 창조되었습니다. 따라서 근본적으로 그는 하나님의 사랑의 속성을 가지고 창조되었습니다. 따라서 사람은 본능에는 사랑을 주고자 하는 속성과 사랑을 받고자 하는 속성이 있는 것입니다. 우리는 여기서 하나님이 인간을 만드신 또 다른 이유를 발견할 수 있습니다. 그것은 무엇일까요? 왜 그것이 필요할까요? 오늘날은 이것이 어떻게 적용될까요?

5. 선악을 알게 하는 실과를 먹음(창세기3:1-13)

"여호와 하나님의 지으신 들짐승 중에 뱀이 가장 간교하더라 뱀이 여자에게 물어 가로되 하나님이 참으로 너희더러 동산 모든 나무의 실과를 먹지 말라 하시더냐 여자가 뱀에게 말하되 동산 나무의 실과를 우리가 먹을 수 있으나 동산 중앙에 있는 나무의 실과는 하나님의 말씀에 너희는 먹지도 말고 만지지도 말라 너희가 죽을까 하노라 하셨느니라 뱀이 여자에게 이르되 너희가 결코 죽지 아니하리라 너희가 그것을 먹는 날에는 너희 눈이 밝아 하나님과 같이 되어 선악을 알줄을 하나님이 아심이니라

여자가 그 나무를 본즉 먹음직도 하고 보암직도 하고 지혜롭게 할만큼 탐스럽기도 한 나무인지라 여자가 그 실과를 따먹고 자기와 함께한 남편에게도 주매 그도 먹은지라 이에 그들의 눈이 밝아 자기들의 몸이 벗은 줄을 알고 무화과나무 잎을 엮어 치마를 하였더라 그들이 날이 서늘할 때에 동산에 거니시는 여호와 하나님의 음성을 듣고 아담과 그 아내가 여호와 하나님의 낯을 피하여 동산 나무 사이에 숨은지라

여호와 하나님이 아담을 부르시며 그에게 이르시되 네가 어디 있느냐 가로되 내가 동산에서 하나님의 소리를 듣고 내가 벗었으므로 두려워하여 숨었나이다 가라사대 누가 너의 벗었음을 네게 고하였느냐 내가 너더러 먹지 말라 명한 그 나무 실과를 네가 먹었느냐 아담이 가로되 하나님이 주셔서 나와 함께하게 하신 여자 그가 그 나무 실과를 내게 주므로 내가 먹었나이다 여호와 하나님이 여자에게 이르시되 네가 어찌하여 이렇게 하였느냐 여자가 가로되 뱀이

나를 꾀므로 내가 먹었나이다"

1. 하나님의 피조물 중에 가장 간교한 뱀이 여자에게 선악을 알게 하는 실과를 먹으라고 유혹합니다. 여자에게 온 가장 큰 유혹의 내용은 무엇이었습니까? 유혹을 받은 상태에서 여자가 그 나무를 보았을 때 그 여자의 느낌은 어떠하였을까요? 사실상 뱀은 어떤 존재일까요? 뱀과 여자의 의사소통은 우리들에게 무엇을 알려줄까요? 우리는 이 말씀에서 어떤 교훈을 얻을 수 있을까요?

2. 사람이 선악을 알게 하는 실과를 먹었을 때 그들의 눈이 밝아져서 자기들의 몸이 벗은 줄을 알게 되었습니다. 눈이 밝아진다는 것의 의미는 무엇일까요? 자기들의 몸이 벗은 줄을 알았을 때 아담과 하와는 무화과나무 잎을 엮어 치마를 하였습니다. 그들은 왜 이러한 행동을 하였을까요? 사람이 무화과나무 잎을 엮어 치마를 만들었다는 것의 의미는 무엇일까요?

3. 뱀이 사람을 유혹하여 범죄하게 하였습니다. 그런데 뱀의 말은 거짓말이었습니다. 그러면 오늘날의 하나님의 사람들에게는 예전에 아담에게 했었던 것과 같은 뱀의 유혹은 없을까요? 뱀의 유혹은 어떻게 올까요? 오늘날도 뱀의 유혹이 있다면 에덴동산 유혹과 어떻게 다를까요? 다른 이유는 무엇일까요?

4. 본문에서는 하나님의 말씀을 뱀 말을 듣고 폐하는 것을 보

여주고 있습니다. 이는 피조물의 말에 의해 하나님의 말씀이 폐해지는 것을 의미하는 것입니다. 하나님의 말씀이 피조물의 말에 의해 폐해질 때 일어나는 현상은 무엇일까요? 에덴동산에서 이와 같은 범죄가 한번 일어난 후 또 언제 일어날까요? 이러한 범죄가 일어나면 사람들에게는 어떤 현상이 나타날까요?

6. 인간의 범죄로 인해 나타난 변화들(창세기3:14-24)

"여호와 하나님이 뱀에게 이르시되 네가 이렇게 하였으니 네가 모든 육축과 들의 모든 짐승보다 더욱 저주를 받아 배로 다니고 종신토록 흙을 먹을지니라 내가 너로 여자와 원수가 되게 하고 너의 후손도 여자의 후손과 원수가 되게 하리니 여자의 후손은 네 머리를 상하게 할 것이요 너는 그의 발꿈치를 상하게 할 것이니라 하시고

또 여자에게 이르시되 내가 네게 잉태하는 고통을 크게 더하리니 네가 수고하고 자식을 낳을 것이며 너는 남편을 사모하고 남편은 너를 다스릴 것이니라 하시고 아담에게 이르시되 네가 네 아내의 말을 듣고 내가 너더러 먹지 말라한 나무 실과를 먹었은즉 땅은 너로 인하여 저주를 받고 너는 종신토록 수고하여야 그 소산을 먹으리라 땅이 네게 가시덤불과 엉겅퀴를 낼 것이라 너의 먹을 것은 밭의 채소인즉 네가 얼굴에 땀이 흘러야 식물을 먹고 필경은 흙으로 돌아가리니 그 속에서 네가 취함을 입었음이라 너는 흙이니 흙으로 돌아갈 것이니라 하시니라

아담이 그 아내를 하와라 이름하였으니 그는 모든 산 자의 어미가 됨이더라 여호와 하나님이 아담과 그 아내를 위하여 가죽옷을 지어 입히시니라 여호와 하나님이 가라사대 보라 이 사람이 선악을 아는 일에 우리 중 하나 같이 되었으니 그가 그 손을 들어 생명나무 실과도 따먹고 영생할까 하노라 하시고 여호와 하나님이 에덴동산에서 그 사람을 내어 보내어 그의 근본된 토지를 갈게 하시니라 이같이 하나님이 그 사람을 쫓아내시고 에덴동산 동편에 그룹들과

두루 도는 화염검을 두어 생명나무의 길을 지키게 하시니라"

1. 뱀은 모든 들짐승보다 더욱 저주를 받아 배로 다니고 종신토록 흙을 먹을 것이라고 하였습니다. 우리는 이 구절로 인해 여자를 직접 유혹한 것은 마귀의 조종을 받은 피조물인 뱀이라는 것을 알 수 있습니다. 뱀이 받은 형벌을 통해 마귀의 하수인이 받은 저주가 무엇인지를 추측할 수 있습니다. 그것은 무엇일까요?

2. 뱀은 여자와 원수가 되게 하고 뱀의 후손은 여자의 후손과 원수가 되게 하겠다고 말씀하십니다. 뱀과 여자의 원수관계는 무엇을 의미하며, 뱀의 후손과 여자의 후손의 원수관계는 무엇을 의미할까요? 여자의 후손은 뱀의 머리를 상하게 하고, 뱀은 그의 발꿈치를 상하게 한다고 합니다. 이는 무슨 의미일까요?

3. 하나님이 범죄한 여자에게 내리신 것은 잉태하는 고통, 수고하고 자식을 낳을 것, 남편을 사모하고, 다스림을 받는 것이었습니다. 잉태의 고통의 의미는 무엇일까요?

4. 하나님이 범죄한 남자에게 내리신 것은 땅이 남자로 인하여 저주를 받았고, 종신토록 수고하여야 소산을 먹고, 땅이 남자에게 가시덤불과 엉겅퀴를 내고, 얼굴에 땀이 흘러야 식물을 먹고 흙으로 돌아가는 것이었습니다. 땅이 남자로 인하여 저주를 받았다는 것의 의미는 무엇이며, 남자에게 가시덤불과 엉겅퀴

를 낸다는 것의 의미는 무엇일까요? 흙으로 돌아간다는 것은 무슨 의미일까요?

5. 여호와 하나님은 범죄한 사람에게 가죽옷을 지어 입히시고 생명나무 실과를 먹지 못하도록 그들을 에덴동산에서 내어보내십니다. 우리는 여기서 범죄한 사람에 대한 하나님의 사랑의 손길을 느낄 수 있습니다. 가죽옷의 의미는 무엇이며, 에덴동산에서 사람을 내어보낸 이유는 무엇일까요?

7. 가인이 그 아우 아벨을 죽임(창세기4:1-15)

"아담이 그 아내 하와와 동침하매 하와가 잉태하여 가인을 낳고 이르되 내가 여호와로 말미암아 득남하였다 하니라 그가 또 가인의 아우 아벨을 낳았는데 아벨은 양치는 자이었고 가인은 농사하는 자이었더라 세월이 지난 후에 가인은 땅의 소산으로 제물을 삼아 여호와께 드렸고 아벨은 자기도 양의 첫 새끼와 그 기름으로 드렸더니 여호와께서 아벨과 그 제물은 열납하셨으나 가인과 그 제물은 열납하지 아니하신지라

가인이 심히 분하여 안색이 변하니 여호와께서 가인에게 이르시되 네가 분하여 함은 어찜이며 안색이 변함은 어찜이뇨 네가 선을 행하면 어찌 낯을 들지 못하겠느냐 선을 행치 아니하면 죄가 문에 엎드리느니라 죄의 소원은 네게 있으나 너는 죄를 다스릴찌니라 가인이 그 아우 아벨에게 고하니라 그 후 그들이 들에 있을 때에 가인이 그 아우 아벨을 쳐 죽이니라 여호와께서 가인에게 이르시되 네 아우 아벨이 어디 있느냐 그가 가로되 내가 알지 못하나이다 내가 내 아우를 지키는 자니이까 가라사대 네가 무엇을 하였느냐 네 아우의 핏소리가 땅에서부터 내게 호소하느니라

땅이 그 입을 벌려 네 손에서부터 네 아우의 피를 받았은즉 네가 땅에서 저주를 받으리니 네가 밭 갈아도 땅이 다시는 그 효력을 네게 주지 아니할 것이요 너는 땅에서 피하며 유리하는 자가 되리라 가인이 여호와께 고하되 내 죄벌이 너무 중하여 견딜 수 없나이다 주께서 오늘 이 지면에서 나를 쫓아 내시온즉 내가 주의 낯을 뵈옵지 못하리니 내가 땅에서 피하며 유리하는 자가 될찌라 무릇

나를 만나는 자가 나를 죽이겠나이다 여호와께서 그에게 이르시되 그렇지 않다 가인을 죽이는 자는 벌을 칠 배나 받으리라 하시고 가인에게 표를 주사 만나는 누구에게든지 죽임을 면케 하시니라"

1. 하나님이 만드신 인간의 첫 후손들인 가인과 아벨이 태어납니다. 가인과 아벨은 각각 하나님께 제물을 드립니다. 그런데 하나님은 아벨은 제물을 열납하였으나 가인의 제물은 열납하지 않았습니다. 그 이유는 무엇일까요? 하나님은 가인보다 아벨을 더 사랑하셨을까요? 가인의 문제는 무엇일까요? 우리는 가인과 아벨이 제물을 드린 사건에서 범죄한 인간을 대하시는 하나님의 모습을 볼 수 있습니다. 어떤 모습일까요?

2. 본문에서 가인은 선을 행치 아니하였음을 알 수 있습니다. 선을 행치 아니하면 죄가 문에 엎드린다고 말씀합니다. 이는 죄가 바로 문 앞에 있다는 것입니다. 죄가 가까이 있다는 것을 의미합니다. 어떤 일이 일어난다고 말씀하고 있습니까? 그리고 본문에서는 "**죄의 소원은 네게 있으나 너는 죄를 다스릴찌니라**"는 말씀을 합니다. 이 말씀의 의미는 무엇일까요? 우리는 여기서 범죄한 인간은 선을 행할 수도 있고 악을 행할 수도 있다는 것을 알 수 있습니다. 범죄한 인간은 어느 때에 악을 행할 수 있을까요? 이는 오늘날의 사람들에게는 어떻게 적용될까요?

3. 범죄한 인간이 선을 행하지 않았을 때 나타난 것은 죄에 삼

킴을 당하여 아우를 죽이는 살인죄입니다. 범죄한 인간에게 최초로 나타난 범죄함의 결과입니다. 살인의 당사자인 가인에게 내려진 형벌은 무엇일까요? 이는 오늘날의 사람들에게는 어떻게 적용될까요?

4. 가인은 자신을 만나는 자가 자신을 죽일 것이라는 두려움에 사로잡혀 있었습니다. 여기서 가인을 만나는 자는 누구일까요? 그러한 가인에게 하나님은 그를 죽이는 자는 벌을 7배나 받을 것이며, 그를 위한 표를 주셔서 죽임을 면하게 하십니다. 가인을 죽이는 자가 벌을 7배나 받을 것이라는 하나님의 말씀은 우리들에게 무엇을 알려줄까요?

8. 가인의 후예와 셋의 탄생(창세기4:16-26)

"가인이 여호와의 앞을 떠나 나가 에덴 동편 놋 땅에 거하였더니 아내와 동침하니 그가 잉태하여 에녹을 낳은지라 가인이 성을 쌓고 그 아들의 이름으로 성을 이름하여 에녹이라 하였더라

에녹이 이랏을 낳았고 이랏은 므후야엘을 낳았고 므후야엘은 므드사엘을 낳았고 므드사엘은 라멕을 낳았더라 라멕이 두 아내를 취하였으니 하나의 이름은 아다요 하나의 이름은 씰라며 아다는 야발을 낳았으니 그는 장막에 거하여 육축 치는 자의 조상이 되었고 그 아우의 이름은 유발이니 그는 수금과 퉁소를 잡는 모든 자의 조상이 되었으며 씰라는 두발가인을 낳았으니 그는 동철로 각양 날카로운 기계를 만드는 자요 두발가인의 누이는 나아마이었더라

라멕이 아내들에게 이르되 아다와 씰라여 내 소리를 들으라 라멕의 아내들이여 내 말을 들으라 나의 창상을 인하여 내가 사람을 죽였고 나의 상함을 인하여 소년을 죽였도다 가인을 위하여는 벌이 칠 배일찐대 라멕을 위하여는 벌이 칠십 칠 배이리로다 하였더라

아담이 다시 아내와 동침하매 그가 아들을 낳아 그 이름을 셋이라 하였으니 이는 하나님이 내게 가인의 죽인 아벨 대신에 다른 씨를 주셨다 함이며 셋도 아들을 낳고 그 이름을 에노스라 하였으며 그 때에 사람들이 비로소 여호와의 이름을 불렀더라"

1. 가인은 여호와 앞을 떠나 놋 땅에서 아내와 동침하여 에녹을 낳았습니다. 가인의 아내는 어디로부터 나온 자일까요? 인

류는 아담, 하와, 아벨, 가인밖에 없는데 그 아내는 어떤 사람일까요? 우리는 이 부분을 어떻게 해석할 수 있을까요?

2. 가인의 후예들은 가인, 에녹, 이랏, 므후야엘, 므드사엘, 라멕으로 내려갑니다. 라멕은 두 아내인 아다와 씰라를 맞이합니다. 아다는 야발과 유발을 낳고, 씰라는 두발가인을 낳습니다. 야발은 육축치는 자의 조상, 유발은 수금과 퉁소잡는 자의 조상이 되었으며 두발가인은 동철로 날카로운 기계를 만드는 자가 되었습니다. 이는 가인의 후예들이 세상을 어떻게 살아가는 지는 지를 보여주는 내용입니다. 어떻게 살아가는 것을 보여주고 있을까요? 다양한 방법으로 세상을 살아가는 이들을 통해 우리는 무엇을 알 수 있을까요?

3. 가인의 후예인 라멕도 가인과 같이 살인을 저지릅니다. 라멕이 살인을 저지른 이유는 무엇일까요? 우리는 여기서 사람들이 살아가는 환경을 추측할 수 있습니다. 그것은 어떤 것일까요?

4. 아담과 하와는 셋을 낳습니다. 이는 아벨대신 하나님으로부터 받은 것입니다. 그리고 셋은 에노스라는 아들을 낳았습니다. 에노스를 낳은 후에 비로소 여호와의 이름을 불렀다고 말씀하고 있습니다. 이때까지는 왜 여호와의 이름을 부르지 못했을까요? 여호와의 이름을 불렀다는 것의 의미는 무엇일까요?

9. 아담 자손의 계보(창세기5:1-32)

“아담 자손의 계보가 이러하니라 하나님이 사람을 창조하실 때에 하나님의 형상대로 지으시되 남자와 여자를 창조하셨고 그들이 창조되던 날에 하나님이 그들에게 복을 주시고 그들의 이름을 사람이라 일컬으셨더라 아담이 일백 삼십세에 자기 모양 곧 자기 형상과 같은 아들을 낳아 이름을 셋이라 하였고 아담이 셋을 낳은 후 팔백년을 지내며 자녀를 낳았으며 그가 구백 삼십세를 향수하고 죽었더라

셋은 일백 오세에 에노스를 낳았고 에노스를 낳은 후 팔백 칠년을 지내며 자녀를 낳았으며 그가 구백 십 이세를 향수하고 죽었더라 에노스는 구십세에 게난을 낳았고 게난을 낳은 후 팔백 십 오년을 지내며 자녀를 낳았으며 그가 구백 오세를 향수하고 죽었더라 게난은 칠십세에 마할랄렐을 낳았고 마할랄렐을 낳은 후 팔백 사십년을 지내며 자녀를 낳았으며 그가 구백 십세를 향수하고 죽었더라 마할랄렐은 육십 오세에 야렛을 낳았고 야렛을 낳은 후 팔백 삼십년을 지내며 자녀를 낳았으며 그가 팔백 구십 오세를 향수하고 죽었더라

야렛은 일백 육십 이세에 에녹을 낳았고 에녹을 낳은 후 팔백년을 지내며 자녀를 낳았으며 그가 구백 육십 이세를 향수하고 죽었더라 에녹은 육십 오세에 므두셀라를 낳았고 므두셀라를 낳은 후 삼백년을 하나님과 동행하며 자녀를 낳았으며 그가 삼백 육십 오세를 향수하였더라 에녹이 하나님과 동행하더니 하나님이 그를 데려가시므로 세상에 있지 아니하였더라 므두셀라는 일백 팔십 칠세에

라멕을 낳았고 라멕을 낳은 후 칠백 팔십 이년을 지내며 자녀를 낳았으며 그는 구백 육십 구세를 향수하고 죽었더라

라멕은 일백 팔십 이세에 아들을 낳고 이름을 노아라 하여 가로되 여호와께서 땅을 저주하시므로 수고로이 일하는 우리를 이 아들이 안위하리라 하였더라 라멕이 노아를 낳은 후 오백 구십 오년을 지내며 자녀를 낳았으며 그는 칠백 칠십 칠세를 향수하고 죽었더라 노아가 오백세 된 후에 셈과 함과 야벳을 낳았더라"

1. 본문은 노아까지의 아담의 계보입니다. 그 계보, 후세와 연결되는 해와 수명은 다음과 같습니다. 〈"아담(130, 930)-셋(105, 922)-에노스(90, 905)-게난(70, 910)-마할랄렐(65, 895)-야렛(162, 962)-에녹(65, 365)-므두셀라(187, 969)-라멕(182, 777)-노아(500, 950)-셈"〉 이 계보를 통해 보면 아담이 874세일 때 므두셀라가 태어나고, 므두셀라가 56세 되던 해에 아담이 죽습니다. 므두셀라가 964세에 그의 아들 라멕이 죽고 그로부터 5년 후 그도 죽습니다. 노아가 595세 되던 해 그의 아버지 라멕이 죽고 그로부터 5년 후(아담이후 1656년)인 600세에 홍수가 일어납니다. 이 계보에 나타난 인물들은 어떤 자들일까요?

2. 본문은 성경에서 처음으로 나타나는 아담의 계보입니다. 이 아담의 계보는 성경 전체적인 관점에서 매우 중요한 의미를 지니고 있습니다. 그것은 무엇일까요?

3. 본문에 나타난 인물들을 보면 대부분 900여세까지 사는 것

을 볼 수 있습니다. 현재 우리들의 관점에서는 이는 매우 오래 사는 것입니다. 사람이 이렇게 오래 살 수 있었던 이유는 무엇일까요?

4. 에녹은 365세에 하나님이 데려가셨습니다. 모든 계보의 인물들은 죽었다는 표현을 사용하였으나 원문에는 하나님이 그를 데리고 갔다고 표현합니다. 우리는 이를 통해 범죄한 인간도 하나님과 동행하면 죽음을 맛보지 않을 수도 있다는 것을 알려줍니다. 계보에 나타난 다른 모든 사람들과는 다릅니다. 이는 오늘날의 우리들에게는 어떤 가르침을 줄까요?

10. 하나님의 아들들과 사람의 딸들(창세기6:1-8)

“사람이 땅위에 번성하기 시작할 때에 그들에게서 딸들이 나니 하나님의 아들들이 사람의 딸들의 아름다움을 보고 자기들의 좋아하는 모든 자로 아내를 삼는지라 여호와께서 가라사대 나의 신이 영원히 사람과 함께 하지 아니하리니 이는 그들이 육체가 됨이라 그러나 그들의 날은 일백 이십년이 되리라 하시니라 당시에 땅에 네피림이 있었고 그 후에도 하나님의 아들들이 사람의 딸들을 취하여 자식을 낳았으니 그들이 용사라 고대에 유명한 사람이었더라

여호와께서 사람의 죄악이 세상에 관영함과 그 마음의 생각의 모든 계획이 항상 악할 뿐임을 보시고 땅위에 사람 지으셨음을 한탄하사 마음에 근심하시고 가라사대 나의 창조한 사람을 내가 지면에서 쓸어버리되 사람으로부터 육축과 기는 것과 공중의 새까지 그리하리니 이는 내가 그것을 지었음을 한탄함이니라 하시니라”

1. 사람이 땅위에 번성하기 시작할 때 사람의 딸들이 나왔습니다. 그러자 하나님의 아들들은 사람의 딸들의 아름다움을 보고 자기들이 좋아하는 모든 자로 아내를 삼습니다. 여기서 사람의 딸들은 어떤 자들을 이야기하는 것일까요? 그러면 하나님의 아들들은 어떤 자들을 가리키는 것일까요?

2. 하나님의 아들들이 사람의 딸들을 취했을 때 그들 사이에서 나온 자들을 네피림이라고 부릅니다. 네피림은 용사였으며 고대에 유명한 사람이었습니다. 이 네피림 족속들이 나타나기 시

작하면서 사람의 죄악이 세상에 관영함과 마음의 생각과 모든 계획이 항상 악하게 됩니다. 네피림 족속이 나타나면서 사람들이 이렇게 변하는 이유는 무엇일까요? 네피림이 오늘날 우리들에게 주는 가르침은 무엇일까요?

3. 하나님은 하나님이 창조하신 사람을 지면에서 쓸어버리시고자 합니다. 그런데 사람 때문에 육축과 기는 것과 공중의 새까지도 그렇게 된다는 것을 알 수 있습니다. 이는 사람들의 세상에서의 삶의 태도 때문에 다른 피조물들도 심판받는 다는 것을 알려줍니다. 육축과 기는 것과 공중의 새는 왜 심판받을까요? 육축과 기는 것과 공중의 새를 지으신 것을 한탄하신 이유는 무엇일까요?

4. 본문에서는 하나님의 아들들이 사람의 딸들을 취했을 때 그들이 육체가 되었다고 말씀하고 있습니다. 육체가 되었다는 것의 의미는 무엇일까요? 오늘날의 사람들은 어떤 자들이 육체가 된 자들일까요? 오늘날 하나님의 아들들은 어떤 자들일까요? 하나님의 아들들은 어느 때에 육체와 같은 자들이 될까요?

11. 당세에 완전한 자였던 노아(창세기6:9-22)

"노아의 사적은 이러하니라 노아는 의인이요 당세에 완전한 자라 그가 하나님과 동행하였으며 그가 세 아들을 낳았으니 셈과 함과 야벳이라 때에 온 땅이 하나님 앞에 패괴하여 강포가 땅에 충만한지라 하나님이 보신 즉 땅이 패괴하였으니 이는 땅에서 모든 혈육 있는 자의 행위가 패괴함이었더라

하나님이 노아에게 이르시되 모든 혈육 있는 자의 강포가 땅에 가득하므로 그 끝날이 내 앞에 이르렀으니 내가 그들을 땅과 함께 멸하리라 너는 잣나무로 너를 위하여 방주를 짓되 그 안에 간들을 막고 역청으로 그 안팎에 칠하라 그 방주의 제도는 이러하니 장이 삼백 규빗, 광이 오십 규빗, 고가 삼십 규빗이며 거기 창을 내되 위에서부터 한 규빗에 내고 그 문은 옆으로 내고 상 중 하 삼층으로 할찌니라 내가 홍수를 땅에 일으켜 무릇 생명의 기식 있는 육체를 천하에서 멸절하리니 땅에 있는 자가 다 죽으리라

그러나 너와는 내가 내 언약을 세우리니 너는 네 아들들과 네 아내와 네 자부들과 함께 그 방주로 들어가고 혈육 있는 모든 생물을 너는 각기 암 수 한쌍 씩 방주로 이끌어 들여 너와 함께 생명을 보존케 하되 새가 그 종류대로, 육축이 그 종류대로, 땅에 기는 모든 것이 그 종류대로 각기 둘씩 네게로 나아오리니 그 생명을 보존케 하라 너는 먹을 모든 식물을 네게로 가져다가 저축하라 이것이 너와 그들의 식물이 되리라 노아가 그와 같이 하되 하나님이 자기에게 명하신대로 다 준행하였더라"

1. 본문에서는 노아는 의인이요 당세에 완전한 자라고 표현하고 있습니다. 노아도 원죄를 가진 아담의 후손인데 왜 성경에서는 의인으로 표현하였을까요? 노아는 어떤 관점에서 의인이라는 칭호를 얻었을까요? 그리고 노아는 당세에 완전한 자라고 표현하고 있습니다. 완전한 자의 의미는 무엇일까요? 선과 악을 알고 있는 사람이 어떻게 완전한 자가 될 수 있을까요? 우리는 여기서 원죄를 가진 사람들의 양면성을 볼 수 있습니다. 그것은 무엇일까요? 이는 오늘날 우리들에게는 어떤 가르침을 줄까요?

2. 노아의 시대에 온 땅이 하나님 앞에 패괴하여 강포가 땅에 충만했다고 말씀합니다. 이는 그 시대 사람들의 모습을 이야기하고 있습니다. 어떤 모습일까요? 그 시대 사람들의 강포가 땅에 가득하였기 때문에 하나님은 홍수심판을 계획하십니다. 우리는 이 심판을 통해 하나님의 세상심판이 어느 때에 오는지를 알 수 있습니다. 어느 때일까요? 하나님은 하나님의 역사를 이끌어 가시기 위해 크고 작은 심판들을 하시는 것을 볼 수 있습니다. 하나님의 구속사에는 어떤 심판들이 나타날까요? 이들의 공통점은 무엇일까요?

3. 하나님은 노아에게 잣나무로 방주를 지으라고 말씀하십니다. 그 방주의 모든 제도는 하나님이 알려주십니다. 노아는 하나님이 알려주신 제도대로 방주를 짓습니다. 이 방주는 당시 하나님의 심판을 피하여 생명을 보존하기 위한 피난처였습니다. 그

러면 오늘날의 도피처는 어디일까요? 그것은 어떻게 지어져야 할까요? 오늘날 크리스천들은 구체적으로 어떻게 하여 이 도피처를 지을 수 있을까요?

4. 하나님은 노아에게 8명의 가족과 혈육있는 모든 생물의 암수 한 쌍의 생명을 보존할 것이라는 언약을 세우십니다. 이제 방주 속에 들어간 자들이 홍수 이후 새로운 환경 속에서 역사를 이끌어 가게 됩니다. 그들은 어떻게 그 역사를 이끌어 갈까요? 이는 오늘날의 우리들에게는 무엇을 알려줄까요?

12. 노아시대의 홍수(창세기7:1-24)

"여호와께서 노아에게 이르시되 너와 네 온 집은 방주로 들어가라 네가 이 세대에 내 앞에서 의로움을 내가 보았음이니라 너는 모든 정결한 짐승은 암 수 일곱씩, 부정한 것은 암 수 둘씩을 네게로 취하며 공중의 새도 암 수 일곱씩을 취하여 그 씨를 온 지면에 유전케 하라 지금부터 칠일이면 내가 사십 주야를 땅에 비를 내려 나의 지은 모든 생물을 지면에서 쓸어버리리라 노아가 여호와께서 자기에게 명하신 대로 다 준행하였더라

홍수가 땅에 있을 때에 노아가 육백세라 노아가 아들들과 아내와 자부들과 함께 홍수를 피하여 방주에 들어갔고 정결한 짐승과 부정한 짐승과 새와 땅에 기는 모든 것이 하나님이 노아에게 명하신 대로 암 수 둘씩 노아에게 나아와 방주로 들어갔더니 칠일 후에 홍수가 땅에 덮이니 노아 육백세 되던 해 이월 곧 그 달 십칠일이라 그 날에 큰 깊음의 샘들이 터지며 하늘의 창들이 열려 사십 주야를 비가 땅에 쏟아졌더라

곧 그 날에 노아와 그의 아들 셈, 함, 야벳과 노아의 처와 세 자부가 다 방주로 들어갔고 그들과 모든 들짐승이 그 종류대로, 모든 육축이 그 종류대로, 땅에 기는 모든 것이 그 종류대로, 모든 새 곧 각양의 새가 그 종류대로 무릇 기식이 있는 육체가 둘씩 노아에게 나아와 방주로 들어갔으니 들어간 것들은 모든 것의 암 수라 하나님이 그에게 명하신대로 들어가매 여호와께서 그를 닫아 넣으시니라

홍수가 땅에 사십일을 있었는지라 물이 많아져 방주가 땅에서 떠올랐고 물이 더 많아져 땅에 창일하매 방주가 물위에 떠 다녔으며 물이 땅에 더욱 창일하매 천하에 높은 산이 다 덮였더니 물이 불어서 십 오 규빗이 오르매 산들이 덮인지라 땅위에 움직이는 생물이 다 죽었으니 곧 새와 육축과 들짐승과 땅에 기는 모든 것과 모든 사람이라 육지에 있어 코로 생물의 기식을 호흡하는 것은 다 죽었더라 지면의 모든 생물을 쓸어버리시니 곧 사람과 짐승과 기는 것과 공중의 새까지라 이들은 땅에서 쓸어버림을 당하였으되 홀로 노아와 그와 함께 방주에 있던 자만 남았더라 물이 일백 오십일을 땅에 창일하였더라"

1. 하나님 앞에서 의로움을 보여주었던 노아는 방주로 들어갑니다. 노아가 하나님 앞에 보여준 의로움은 구체적으로 어떤 것이었을까요? 선과 악을 알게 된 인간은 선도 행할 수 있고 악도 행할 수 있게 되었습니다. 구체적으로 선을 행하는 것은 무엇이며 악을 행하는 것은 무엇일까요? 당시 악을 행했던 사람들은 왜 선을 행하는 자로 돌아오지 못했을까요? 당시의 사람들과 오늘날 크리스천들과의 차이는 무엇일까요?

2. 본문에서는 하나님이 노아와 함께 새 역사를 시작하기 위한 계획을 실행시키시는 것을 보여줍니다. 하나님은 땅의 사람들이 패괴하여 강포하므로 홍수심판을 계획하셨습니다. 그 계획은 정확히 성취되는 것을 볼 수 있습니다. 구약성경은 홍수이후의 하나님 역사도 하나님의 계획 속에서 성취되는 것을 보여줍니다. 구약시대에는 하나님이 역사를 계획하시고 하나님의 사람들이 그것을 외적으로 성취하는 것을 보여줍니다. 그러면

성령시대의 하나님의 역사는 누가 계획하고 누가 성취하는 것일까요?

3. 홍수가 시작되자 8명의 사람들과 모든 들짐승, 육축, 땅에 기는 것, 각양 새, 기식있는 육체가 모두 방주로 들어가고 하나님은 그 방주의 문을 닫으십니다. 40일 동안 홍수로 온 땅이 물에 잠깁니다. 이 방주는 우리들에게 삶과 죽음에 대하여 교훈하고 있습니다. 그것은 무엇일까요?

13. 새시대의 시작(창세기8:1-22)

"하나님이 노아와 그와 함께 방주에 있는 모든 들짐승과 육축을 권념하사 바람으로 땅위에 불게 하시매 물이 감하였고 깊음의 샘과 하늘의 창이 막히고 하늘에서 비가 그치매 물이 땅에서 물러가고 점점 물러가서 일백 오십일 후에 감하고 칠월 곧 그 달 십칠일에 방주가 아라랏산에 머물렀으며 물이 점점 감하여 시월 곧 그 달 일일에 산들의 봉우리가 보였더라

사십일을 지나서 노아가 그 방주에 지은 창을 열고 까마귀를 내어놓으매 까마귀가 물이 땅에서 마르기까지 날아 왕래하였더라 그가 또 비둘기를 내어놓아 지면에 물이 감한 여부를 알고자 하매 온 지면에 물이 있으므로 비둘기가 접족할 곳을 찾지 못하고 방주로 돌아와 그에게로 오는지라 그가 손을 내밀어 방주 속 자기에게로 받아들이고 또 칠일을 기다려 다시 비둘기를 방주에서 내어놓으매 저녁때에 비둘기가 그에게로 돌아왔는데 그 입에 감람 새 잎사귀가 있는지라 이에 노아가 땅에 물이 감한 줄 알았으며 또 칠일을 기다려 비둘기를 내어놓으매 다시는 그에게로 돌아오지 아니하였더라

육백 일년 정월 곧 그 달 일일에 지면에 물이 걷힌지라 노아가 방주 뚜껑을 제치고 본즉 지면에 물이 걷혔더니 이월 이십칠일에 땅이 말랐더라 하나님이 노아에게 말씀하여 가라사대 너는 네 아내와 네 아들들과 네 자부들로 더불어 방주에서 나오고 너와 함께한 모든 혈육 있는 생물 곧 새와 육축과 땅에 기는 모든 것을 다 이끌어 내라 이것들이 땅에서 생육하고 땅에서 번성하리라 하시매 노아가 그 아들들과 그 아내와 그 자부들과 함께 나왔고 땅위의 동물

곧 모든 짐승과 모든 기는 것과 모든 새도 그 종류대로 방주에서 나왔더라

노아가 여호와를 위하여 단을 쌓고 모든 정결한 짐승 중에서와 모든 정결한 새 중에서 취하여 번제로 단에 드렸더니 여호와께서 그 향기를 흠향하시고 그 중심에 이르시되 내가 다시는 사람으로 인하여 땅을 저주하지 아니하리니 이는 사람의 마음의 계획하는 바가 어려서부터 악함이라 내가 전에 행한 것 같이 모든 생물을 멸하지 아니하리니 땅이 있을 동안에는 심음과 거둠과 추위와 더위와 여름과 겨울과 낮과 밤이 쉬지 아니하리라"

1. 하나님은 노아와 방주에 있는 모든 들짐승을 권념하사 바람을 땅에 불게 하셔서 물을 물러가게 하십니다. 여기서 권념하신다는 것의 의미는 무엇일까요? 우리는 하나님이 노아와 방주에 있는 모든 들짐승을 권념하시는 것을 통해 하나님의 어떤 속성을 알 수 있을까요?

2. 노아홍수의 시작은 노아의 나이 600세 2월 17일에 시작하여 5개월(150일)간 물이 땅에 창일한 후 7월 17일에 방주가 아라랏산에 머물렀습니다. 그리고 10월 1일에 산봉우리가 보이고 그로부터 40일이 지나서 까마귀와 비둘기를 내어 놓습니다. 7일 또 7일을 기다리고 또 기다린 후 601년 1월 1일에 지면에 물이 걷히고 2월 27일에 땅이 말랐습니다. 600년 2월 17일에 방주에 들어간 후 601년 2월 27일에 방주에서 나옵니다. 1년 1개월의 시간동안 방주에 있었습니다. 우리는 여기서 하나님의

역사가 어떻게 이루어지는지 그 속성을 알 수 있습니다. 그것은 무엇일까요?

3. 노아는 방주에서 나오자마자 여호와를 위한 단을 쌓습니다. 모든 정결한 짐승과 새 중에서 취하여 번제로 제사를 드립니다. 당시의 제사는 하나님과 교제하는 하나의 형식이었습니다. 성경에 나타난 큰 의미있는 제사들은 어떤 것들이 있을까요? 큰 제사들을 드린 후에 나타나는 공통점이 있습니다. 그것은 무엇일까요? 오늘날 우리들은 어떻게 제사를 드리라고 할까요? 노아의 제사 후 인간이 어려서부터 그 계획하는 것이 악하지만 다시는 이와 같이 멸하지는 않으신다고 약속을 하십니다. 왜 의인 노아의 자손들도 악하다고 할까요?

14. 피에 대한 교훈과 무지개 언약(창세기 9:1-17)

"하나님이 노아와 그 아들들에게 복을 주시며 그들에게 이르시되 생육하고 번성하여 땅에 충만하라 땅의 모든 짐승과 공중의 모든 새와 땅에 기는 모든 것과 바다의 모든 고기가 너희를 두려워하며 너희를 무서워하리니 이들은 너희 손에 붙이었음이라 무릇 산 동물은 너희의 식물이 될지라 채소 같이 내가 이것을 다 너희에게 주노라 그러나 고기를 그 생명 되는 피채 먹지 말 것이니라 내가 반드시 너희 피 곧 너희 생명의 피를 찾으리니 짐승이면 그 짐승에게서, 사람이나 사람의 형제면 그에게서 그의 생명을 찾으리라 무릇 사람의 피를 흘리면 사람이 그 피를 흘릴 것이니 이는 하나님이 자기 형상대로 사람을 지었음이니라 너희는 생육하고 번성하며 땅에 편만하여 그 중에서 번성하라 하셨더라

하나님이 노아와 그와 함께한 아들들에게 일러 가라사대 내가 내 언약을 너희와 너희 후손과 너희와 함께한 모든 생물 곧 너희와 함께한 새와 육축과 땅의 모든 생물에게 세우리니 방주에서 나온 모든 것 곧 땅의 모든 짐승에게니라 내가 너희와 언약을 세우리니 다시는 모든 생물을 홍수로 멸하지 아니할 것이라 땅을 침몰할 홍수가 다시 있지 아니하리라 하나님이 가라사대 내가 나와 너희와 및 너희와 함께하는 모든 생물 사이에 영세까지 세우는 언약의 증거는 이것이라 내가 내 무지개를 구름 속에 두었나니 이것이 나의 세상과의 언약의 증거니라

내가 구름으로 땅을 덮을 때에 무지개가 구름 속에 나타나면 내가 나와 너희와 및 혈기 있는 모든 생물 사이의 내 언약을 기억하

리니 다시는 물이 모든 혈기 있는 자를 멸하는 홍수가 되지 아니할찌라 무지개가 구름 사이에 있으리니 내가 보고 나 하나님과 땅의 무릇 혈기 있는 모든 생물 사이에 된 영원한 언약을 기억하리라 하나님이 노아에게 또 이르시되 내가 나와 땅에 있는 모든 생물 사이에 세운 언약의 증거가 이것이라 하셨더라"

1. 하나님은 노아홍수 이후 산 동물이 사람의 식물이 될 것이라고 말씀하시면서 창세 이후 처음으로 고기를 채소와 같이 음식으로 주시는 것을 볼 수 있습니다. 고기를 음식으로 먹으라고 하시면서 고기를 먹을 때에는 그것의 생명이 되는 피채로는 먹지 말라고 말씀하십니다. 피채로 먹으면 그것의 생명을 먹는 것이 된다는 것입니다. 우리는 산 동물은 고기와 피로 나눠지며 사람에게는 고기만 먹도록 허용하셨습니다. 왜 그랬을까요? 오늘날은 어떨까요?

2. 하나님은 노아 홍수 이후 처음으로 짐승의 생명은 피에 있다는 지식을 사람들에게 알려주십니다. 이는 노아홍수 이후 하나님의 계획을 우리들에게 알려주시는 것입니다. 그것은 무엇일까요?

3. 동물은 잡아서 고기는 먹고 피는 먹지 말고, 사람의 피는 흘리면 안된다고 말씀하고 있습니다. 다른 사람의 피를 흘리면 그도 피를 흘릴 것이라고 말씀하십니다. 사람의 피는 왜 흘리면 안되는 것일까요?

4. 하나님은 노아가정과 후손과 모든 생물에게 언약을 세우십니다. 그 언약은 다시는 모든 생물을 홍수로 멸하지 아니하신다는 것이었습니다. 하나님은 사람이 아닌 생물들에게도 언약을 세웠다고 하십니다. 이는 무엇을 의미할까요? 그 언약의 증거로 구름 속에 무지개를 두십니다. 무지개 증표를 주신 이유는 무엇일까요? 우리는 여기서 하나님의 또 하나의 속성을 알 수 있습니다. 그것은 무엇일까요?

15. 노아와 그의 아들들의 행동(창세기9:18-29)

"방주에서 나온 노아의 아들들은 셈과 함과 야벳이며 함은 가나안의 아비라 노아의 이 세 아들로 좇아 백성이 온 땅에 퍼지니라

노아가 농업을 시작하여 포도나무를 심었더니 포도주를 마시고 취하여 그 장막 안에서 벌거벗은지라 가나안의 아비 함이 그 아비의 하체를 보고 밖으로 나가서 두 형제에게 고하매 셈과 야벳이 옷을 취하여 자기들의 어깨에 메고 뒷걸음쳐 들어가서 아비의 하체에 덮었으며 그들이 얼굴을 돌이키고 그 아비의 하체를 보지 아니하였더라

노아가 술이 깨어 그 작은 아들이 자기에게 행한 일을 알고 이에 가로되 가나안은 저주를 받아 그 형제의 종들의 종이 되기를 원하노라 또 가로되 셈의 하나님 여호와를 찬송하리로다 가나안은 셈의 종이 되고 하나님이 야벳을 창대케 하사 셈의 장막에 거하게 하시고 가나안은 그의 종이 되게 하시기를 원하노라 하였더라 홍수 후에 노아가 삼백 오십년을 지내었고 향년이 구백 오십세에 죽었더라"

1. 노아는 포도주를 마시고 취하여 자신의 장막 안에서 옷을 벗고 하체를 드러낸 채 누워있었습니다. 본문의 문맥을 통해 보면 당시 하체를 드러내는 것은 정상적인 것은 아니며 사람들이 그것을 보는 것도 꺼리는 일이라는 것을 알 수 있습니다. 그러면 이와 같이 사람들에게 있어서 꺼리는 일들은 언제 생겨

난 것일까요? 우리는 여기서 그 당시의 사람들에게 부끄러운 것과 그렇지 않은 것이 구별되었다는 것도 추측할 수 있습니다. 하나님의 사람인 노아가 이와 같이 부끄러운 일을 보인 것은 우리들에게 무엇을 알려줄까요?

2. 아비의 하체를 본 함은 밖으로 나가서 자신의 두 형제에게 아비의 형편을 고하는 행동을 합니다. 이 행동으로 인해 함의 아들인 가나안이 그 형제의 종들의 종이 되는 저주를 받습니다. 함의 행동의 잘못은 무엇일까요? 오늘날 노아와 같은 사람들은 누구이며, 함과 같은 사람들은 누구일까요? 이는 오늘날 우리들에게 어떤 가르침을 줄까요? 그러면 오늘날도 이와 같은 행동을 하면 저주를 받는 것일까요?

3. 함의 보고를 들은 셈과 야벳은 옷을 취하여 아비의 하체를 덮어주는 행동을 합니다. 이로 인해 셈과 야벳은 복을 받게됩니다. 그들 행동의 바른 점은 무엇일까요? 우리는 본문을 통해 함의 행동과 셈과 야벳의 행동의 뚜렷한 차이를 알 수 있습니다. 그 차이는 무엇일까요? 이는 오늘날 우리들에게는 어떤 교훈을 가져다 줄까요?

4, 노아는 950세까지 살고 죽습니다. 아담과 셋은 보지 못했지만 에노스, 게난, 마할랄렐 등과 같은 할아버지들과 같이 살았었던 노아도 이제 죽는 것을 볼 수 있습니다. 노아는 사람이 육체가 되기 전 마지막 하나님의 아들들에 속한 사람이었습니

다. 인제 그러한 노아가 죽습니다. 이 노아의 죽음은 하나님의 아들들 중 마지막 사람이 없어졌다는 관점에서 보면 무엇을 의미하는 것일까요?

16. 셈과 함과 야벳의 후예들(창세기10:1-32)

"노아의 아들 셈과 함과 야벳의 후예는 이러하니라 홍수 후에 그들이 아들들을 낳았으니 야벳의 아들은 고멜과 마곡과 마대와 야완과 두발과 메섹과 디라스요 고멜의 아들은 아스그나스와 리밧과 도갈마요 야완의 아들은 엘리사와 달시스와 깃딤과 도다님이라 이들로부터 여러 나라 백성으로 나뉘어서 각기 방언과 종족과 나라대로 바닷가의 땅에 머물렀더라.

함의 아들은 구스와 미스라임과 붓과 가나안이요 구스의 아들은 스바와 하윌라와 삽다와 라아마와 삽드가요 라아마의 아들은 스바와 드단이며 구스가 또 니므롯을 낳았으니 그는 세상에 처음 영걸이라 그가 여호와 앞에서 특이한 사냥군이 되었으므로 속담에 이르기를 아무는 여호와 앞에 니므롯 같은 특이한 사냥군이로다 하더라 그의 나라는 시날 땅의 바벨과 에렉과 악갓과 갈레에서 시작되었으며 그가 그 땅에서 앗수르로 나아가 니느웨와 르호보딜과 갈라와 및 니느웨와 갈라 사이의 레센(이는 큰 성이라)을 건축하였으며

미스라임은 루딤과 아나밈과 르하빔과 납두힘과 바드루심과 가슬루힘과 갑도림을 낳았더라 (블레셋이 가슬루힘에게서 나왔더라) 가나안은 장자 시돈과 헷을 낳고 또 여부스 족속과 아모리 족속과 기르가스 족속과 히위 족속과 알가 족속과 신 족속과 아르왓 족속과 스말 족속과 하맛 족속의 조상을 낳았더니 이 후로 가나안 자손의 족속이 흩어져 처하였더라 가나안의 지경은 시돈에서부터 그랄을 지나 가사까지와 소돔과 고모라와 아드마와 스보임을 지나 라사까지였더라 이들은 함의 자손이라 각기 족속과 방언과 지방과 나라

대로이었더라

셈은 에벨 온 자손의 조상이요 야벳의 형이라 그에게도 자녀가 출생하였으니 셈의 아들은 엘람과 앗수르와 아르박삿과 룻과 아람이요 아람의 아들은 우스와 훌과 게델과 마스며 아르박삿은 셀라를 낳고 셀라는 에벨을 낳았으며 에벨은 두 아들을 낳고 하나의 이름을 벨렉이라 하였으니 그 때에 세상이 나뉘었음이요 벨렉의 아우의 이름은 욕단이며 욕단은 알모닷과 셀렙과 하살마웻(하살마웨ㅅ)과 예라와 하도람과 우살과 디글라와 오발과 아비마엘과 스바와 오빌과 하윌라와 요밥을 낳았으니 이들은 다 욕단의 아들이며 그들의 거하는 곳은 메사에서부터 스발로 가는 길의 동편 산이었더라 이들은 셈의 자손이라 그 족속과 방언과 지방과 나라대로였더라 이들은 노아 자손의 족속들이요 그 세계와 나라대로라 홍수 후에 이들에게서 땅의 열국 백성이 나뉘었더라"

1. 셈과 함과 야벳의 후예들은 크게 번성하여 여러 종족들을 이루게 됩니다. 셈이 26종족, 함이 30종족, 야벳이 14종족을 이루어 합이 70종족이 됩니다. 이들 종족들이 열국의 백성으로 나뉘었다고 이야기하고 있습니다. 본문에서 열국의 백성이 된 종족들 중 벨렉종족들과 가까운 관계 속에 있었던 종족은 어떤 종족들일까요? 이 셈, 함, 야벳의 족보가 우리들에게 주는 교훈은 무엇일까요?

2. 본문에서는 함의 아들 구스는 니므롯을 낳았다고 이야기합니다. 본문에서 니므롯은 세상의 처음 영걸이라고 말씀합니다. 여기서 영걸이라는 말씀의 의미는 무엇일까요? 노아홍수 이후

사람이 육체가 되어 살아가는 이 세상에서는 어떤 일이 일어난다는 것일까요? 이는 홍수이전의 삶의 환경과 홍수이후의 삶의 환경이 바뀌었음을 알려주는 것입니다. 어떻게 바뀌었다는 것일까요? 우리는 이를 통해 하나님의 나라의 모습을 추측할 수 있습니다. 세상과 다른 것은 어떤 것일까요?

3. 셈의 아들 아르박삿, 아르박삿의 아들 셀라, 셀라의 아들 에벨, 에벨이 벨렉을 낳았을 때 세상이 나뉘었다고 합니다. 세상이 나뉘었다는 것은 무엇을 의미할까요? 세상이 나뉘면서부터 세상은 어떻게 변할까요? 무엇을 하면서 살아갈까요?

17. 바벨탑 사건(창세기11:1-9)

“온 땅의 구음이 하나이요 언어가 하나이었더라 이에 그들이 동방으로 옮기다가 시날 평지를 만나 거기 거하고 서로 말하되 자, 벽돌을 만들어 견고히 굽자 하고 이에 벽돌로 돌을 대신하며 역청으로 진흙을 대신하고 또 말하되 자, 성과 대를 쌓아 대 꼭대기를 하늘에 닿게 하여 우리 이름을 내고 온 지면에 흩어짐을 면하자 하였더니 여호와께서 인생들의 쌓는 성과 대를 보시려고 강림하셨더라

여호와께서 가라사대 이 무리가 한 족속이요 언어도 하나이므로 이같이 시작하였으니 이후로는 그 경영하는 일을 금지할 수 없으리로다 자, 우리가 내려가서 거기서 그들의 언어를 혼잡케 하여 그들로 서로 알아듣지 못하게 하자 하시고 여호와께서 거기서 그들을 온 지면에 흩으신고로 그들이 성 쌓기를 그쳤더라

그러므로 그 이름을 바벨이라 하니 이는 여호와께서 거기서 온 땅의 언어를 혼잡케 하셨음이라 여호와께서 거기서 그들을 온 지면에 흩으셨더라”

1. 사람들은 동방으로 옮기다가 시날 평지를 만납니다. 시날 평지에서 거하면서 그들은 성과 대를 만들자고 합니다. 여기서 그들이 성을 만들고자한 목적은 무엇입니까? 우리는 여기서 인간의 또다른 한 속성을 볼 수 있습니다. 그것은 무엇일까요?

2. 사람들은 시날 평지에 성의 건설과 함께 대도 건설합니다. 그들은 대 꼭대기를 하늘에 닿게 하여 자신의 이름을 내자고 합니다. 여기서 하늘에 닿게 한다는 것의 의미는 무엇일까요? 우리는 여기서 인간이 만들어낸 최초의 우상을 볼 수 있습니다. 그것은 무엇일까요? 이 최초의 우상을 통해 우리는 우상의 근본적인 속성을 알 수 있습니다. 그것은 무엇일까요?

3. 시날 평지에서 사람들이 성과 대를 건설하는 것을 보시기 위해 강림하신 하나님은 언어의 혼잡을 통해 사람들을 흩으십니다. 이는 성과 대를 만들고자 하는 사람을 그 본성 그대로 살도록 남겨두지 않으시겠다는 것입니다. 하나님이 이렇게 하신 궁극적인 목적은 어디에 있을까요?

4. 하나님은 인간들이 잘못된 길로 가는 것을 막기 위해 언어를 혼잡케 하시는 것을 볼 수 있습니다. 하나님이 인간에게 언어를 주신 근본적인 목적은 무엇일까요? 사람들과의 의사소통에서 문제는 일어나는 이유는 무엇일까요? 하나님과의 의사소통의 문제는 왜 일어날까요? 사람들 사이에 언어를 통한 의사소통이 가장 잘 일어나는 때는 언제일까요?

5. 바벨의 뜻은 무엇일까요? 바벨탑이 사람들에게 주는 가르침은 무엇일까요? 오늘날도 바벨탑의 가르침이 적용될까요?

18. 셈의 후예(창세기11:10-32)

“셈의 후예는 이러하니라 셈은 일백세 곧 홍수 후 이년에 아르박삿을 낳았고 아르박삿을 낳은 후에 오백년을 지내며 자녀를 낳았으며 아르박삿은 삼십 오세에 셀라를 낳았고 셀라를 낳은 후에 사백 삼년을 지내며 자녀를 낳았으며 셀라는 삼십세에 에벨을 낳았고 에벨을 낳은 후에 사백 삼년을 지내며 자녀를 낳았으며 에벨은 삼십 사세에 벨렉을 낳았고

벨렉을 낳은 후에 사백 삼십년을 지내며 자녀를 낳았으며 벨렉은 삼십세에 르우를 낳았고 르우를 낳은 후에 이백 구년을 지내며 자녀를 낳았으며 르우는 삼십 이세에 스룩을 낳았고 스룩을 낳은 후에 이백 칠년을 지내며 자녀를 낳았으며 스룩은 삼십세에 나홀을 낳았고 나홀을 낳은 후에 이백년을 지내며 자녀를 낳았으며 나홀은 이십 구세에 데라를 낳았고 데라를 낳은 후에 일백 십구년을 지내며 자녀를 낳았으며 데라는 칠십세에 아브람과 나홀과 하란을 낳았더라

데라의 후예는 이러하니라 데라는 아브람과 나홀과 하란을 낳았고 하란은 롯을 낳았으며 하란은 그 아비 데라보다 먼저 본토 갈대아 우르에서 죽었더라 아브람과 나홀이 장가 들었으니 아브람의 아내 이름은 사래며 나홀의 아내 이름은 밀가니 하란의 딸이요 하란은 밀가의 아비며 또 이스가의 아비더라 사래는 잉태하지 못하므로 자식이 없었더라

데라가 그 아들 아브람과 하란의 아들 그 손자 롯과 그 자부 아

브람의 아내 사래를 데리고 갈대아 우르에서 떠나 가나안 땅으로 가고자 하더니 하란에 이르러 거기 거하였으며 데라는 이백 오세를 향수하고 하란에서 죽었더라"

1. 창세기 10장에서는 셈, 함, 야벳의 후예들에 관한 상세한 족보를 알려주었습니다. 그런데 창세기 11장에서는 함과 야벳의 그 이후 세대들에 대해서는 알려주지 않는 대신 셈의 그 이후 세대들에 대하여 상세하게 알려주고 있습니다. 그 이유는 무엇일까요? 이와 같은 성경의 구성은 우리들에게 무엇을 알려주고자 하는 것일까요?

2. 셈의 후예는 홍수 후 2년 아르박삿을 낳으면서 그 후예들이 이어집니다. 그 후예는 다음과 같습니다. "셈(홍수후 2년, 500)-아르박삿(35, 430)-셀라(30, 403)-에벨(34, 430)-벨렉(30, 209)-르우(32, 207)-스룩(30, 200)-나홀(29, 119)-데라(70, ?)-아브람(100, 175)-이삭(약속의 자녀)" 셈의 후예인 아브람은 홍수 후 292년 그의 9대 손으로 세상에 탄생하게 됩니다. 우리는 본문에서 셈은 그의 나이 100세에 아르박삿을 낳고 500년(600세) 동안 자녀를 낳았다고 합니다. 그러면 셈은 아브람이 탄생했을 때 셈은 392세가 되며 아브람이 죽었을 때는 467세가 됩니다. 아브람보다 133년이나 더 사는 것을 보여줍니다. 그런데 이것보다 더 놀라운 사실도 있습니다. 그것은 무엇일까요? 우리는 이와 같은 성경기록을 통해 무엇을 알 수 있을까요? 왜 셈이 살아있음에도 그에 관한 상세한 기록은 보이지 않을까요?

3. 아브람의 아내 사래는 잉태하지 못했습니다. 앞의 족보에 나타난 사람들을 보면 죽을 때까지 아이를 낳는 것을 보여줍니다. 번성하는 것에 초점을 두고 있습니다. 아브람의 아내 사래는 그녀의 이름이 바뀌면서 잉태하는 여인으로 바뀝니다. 이름이 바뀐다는 것의 의미는 무엇일까요? 이름이 바뀐 사래의 모습은 어떻게 변하였습니까?

4. 마지막이라 할 수 있는 하나님의 사람 노아가 죽었을 때 세상에서의 하나님의 역사는 육체가 된 사람들이 이끌어 가게 됩니다. 육체가 된 사람들은 세상에서의 하나님의 역사를 어떻게 이끌어 갈까요?

Ⅱ
chapter

구약성경에 나타난 이스라엘 역사

1. 이스라엘 민족의 시작

1) 이스라엘 나라의 형성(주전 2091)

이스라엘 나라의 시작은 한 사람으로부터 시작이 됩니다. 그 사람은 바로 아브라함입니다. 이 아브라함이 육적인 유대인의 조상이 되어 오늘날 유대인들이 생겨나게 된 것입니다. 이 아브라함으로부터 육적인 이스라엘이라는 나라가 이 세상세계에 생겨나게 됩니다. 아브라함은 유브라데스강이 흘러가는 갈대아 우르라는 지역에서 태어났습니다. 그곳에서 하나님의 부름을 받고 가나안 지역으로 이사를 하여 그곳에서 살게 됩니다. 그곳에서 이삭을 낳고, 이삭이 야곱을 낳고, 야곱이 12아들을 낳아서 야곱의 12아들이 이스라엘 12지파를 형성하게 됩니다. 야곱의 열 두 아들과 그 어미는 다음과 같습니다.

* 레아(주전 1923년 결혼): 르우벤, 시므온, 레위, 유다(주전 1919), 잇사갈, 스불론
* 라헬(주전 1917년 결혼): 요셉(주전 1916), 베냐민
* 라헬의 여종 빌하: 단, 납달리
* 레아의 여종 실바: 갓, 아셀
* 야곱의 자손들이 이스라엘의 12지파로 나눠짐

야곱의 시대에 야곱의 11째 아들인 요셉이 형들의 시기로 애굽으로 팔려가서 그곳에서 국무총리가 됩니다. 그 때에 큰 기근이 들어서 야곱의 모든 가족이 애굽으로 내려가 생활을 하게 됩니다. 그 애굽에서 야곱의 가족은 크게 번창하여 430여년을 지내면서 약 250만의 인구로 불어나게 됩니다. 그러자 애굽의 왕은 이스라엘 민족을 핍박하게 되었고 하나님은 모세를 선택하시어 애굽으로부터 유대인들을 탈출시킵니다. 이것이 유대인의 출애굽사건입니다. 출애굽 이후 이들은 40년간의 광야생활을 거쳐 가나안 땅으로 인도되고 그곳에 정착하여 살게 됩니다. 처음에는 사사들이 통치를 하며, 후에 왕정이 시작됩니다.

이스라엘 왕국의 초대왕은 사울입니다. 그런데 사울은 하나님 보시기에 아름답지 못한 일을 하여 왕위가 그 유명한 다윗에게 돌아가게 됩니다. 다윗이 이스라엘 왕국의 기초를 닦고

위를 자신의 아들 솔로몬에게 물려줍니다. 그런데 솔로몬의 악으로 인하여 하나님은 이스라엘 나라를 북이스라엘과 남유대로 분리시키십니다. 이 갈라진 두 나라는 북이스라엘이 앗시리아, 남유대는 바벨론 제국에 의해 망하고 그로부터 육적인 이스라엘은 온전한 나라없이 살다가 1945년 지금의 이스라엘 나라가 성립되게 됩니다. 엄청난 방랑생활 속에서도 이스라엘 민족은 자신의 순수한 민족을 유지하여 오늘날 자신의 나라를 건설하게 된 것입니다.

그러나 예수님이 오신 이후의 육적인 이스라엘은 더 이상 하나님의 관심거리가 아니었습니다. 예수님 이후 하나님은 12 제자들을 통해 영적인 이스라엘을 이 땅에 건설하게 됩니다. 그것이 바로 교회인 것입니다. 하나님은 바로 이 영적인 이스라엘 나라에 관심을 가지시고 모든 나라의 사람들은 이 영적인 이스라엘 나라에 속할 수 있는 길을 열어 놓으신 것입니다. 이것이 이스라엘이라는 나라에 대한 기본적인 지식입니다. 여러분들은 이러한 지식을 먼저 알면 성경에서의 이스라엘 역사에 큰 맥이 잡힐 수 있을 것입니다.

2) 아브라함, 이삭, 야곱의 생애

(1) 아브람의 가나안 정착

아브라함은 주전 2166년 갈대아 우르라는 지역에서 데라의 아들로 출생하게 됩니다. 아브라함의 처음 이름은 아브람입니다. 그가 하나님을 만난 이후 하나님이 지어주신 이름인 아브라함으로 개명을 하게 됩니다. 그는 하나님을 경외하는 사람이었고, 율법이 오기 전에 벌써 믿음으로 의인이라 칭함을 받은 사람입니다. 바로 이스라엘 민족의 조상으로서 하나님 앞에 의로운 사람이었습니다.

아브라함의 이야기는 다음과 같습니다. 아브라함은 갈대아 우르에서 하나님의 부르심을 받습니다. 하나님이 지시하는 곳으로 떠나라고 하여 그곳으로 떠납니다. 그곳이 바로 가나안 땅입니다. 아브라함은 가나안으로 가는 여정에서 하란에 머물다 그곳에 75세에 가나안으로 조카 롯과 함께 들어가게 됩니다. 가나안 땅에 들어가 세겜 땅, 마므레 상수리나무에 이르러 하나님의 음성(이 땅을 네 자손에게 주리라)을 듣고 그곳에 단을 쌓고, 거기서 벧엘 동편 산으로 옮겨 서에는 벧엘, 동에는 아이 사이에 장막을 치고 살았고, 점점 남방으로 옮겨 갔습니다.

가나안에 정착한 아브라함은 기근으로 인해 애굽으로 내려갔다가 그곳에서 많은 육축과 은금을 받아 풍족한 상태에서 다시 가나안으로 돌아옵니다. 물론 조카 롯도 함께 하였습니다. 올라올 때 아내 사라의 몸종 하갈도 같이 온 것으로 추측할 수 있습니다. 애굽으로부터 다시 돌아와 전에 장막을 치고 살았던 곳에 정착하게 됩니다. 그런데 롯과 양치는 문제로 서로 분리하게 됩니다. 여기서 롯은 소알까지 물이 풍부하고 여호와의 동산 같고, 애굽과도 같은 눈에 보기 좋은 곳(요단 온 들과 동쪽)을 먼저 선택하여 그곳에 정착하고, 점점 거처를 옮겨 소돔까지 갔습니다. 롯이 떠나자 하나님은 아브라함에게 나타나 이 땅을 자손에게 주리라고 하시고 자손이 땅의 티끌 같이 많게 할 것임을 약속하십니다. 이 일 후 아브라함은 헤브론으로 장막을 옮겨 그곳에 단을 쌓고 정착합니다.

(2) 아브라함의 전쟁

그 당시 가나안 땅 인근지역을 둘러싸고 있었던 부족들간 전쟁이 일어납니다. 이 전쟁을 통해 홍수 이후의 사람들의 삶의 모습을 볼 수 있습니다. 여호와의 동산같이 겉으로 보기에 아름다운 동산을 선택했었던 롯도 이 전쟁에 휘말려 재물을 다 빼앗기고 포로가 되어 끌려갑니다. 아브라함은 조카 롯이 사로잡혔음을 듣고 집에서 길리고 연습한 자 318명을 거느리고 그돌라오멜, 디달, 아므라벨, 아리옥왕을 파하고 모든 빼앗겼던 재물과 조카 롯을 구해옵니다. 이 전쟁은 조카 롯을 구하는 아브람의 첫 번째 전쟁이었습니다.

아브람이 그돌라오멜과 그 동맹왕들을 파하고 돌아올 때에 그들 맞이한 왕은 소돔왕 베라와 살렘왕 멜기세덱이었습니다. 아브람이 그돌라오멜에게 승리한 행위는 약속의 사람이 세상일에서도 하나님의 힘을 입어 승리한 것을 보여준 증거입니다. 아브라함은 소돔왕에게는 동맹한 부족의 분깃과 소년들의 먹은 것을 제하고 모두 돌려주고, 살렘왕에게는 십분의 일을 드렸습니다.

(3) 하나님과 아브라함과 언약과 믿음으로 오는 의

롯을 구출하는 큰 전쟁을 겪은 후 아브람은 하나님을 세 번째 만납니다. 처음에는 내가 너로 큰 민족을 이루게 하신다고 했고, 두 번째는 세겜 땅에서 나타나셔서 이 땅을 네 자손에게 주리라고 하셨습니다. 하나님이 두 번이나 약속하셨음에도 불구하고 아브람은 자신의 후사가 엘리에셀이라고 말씀합니다. 하나님이 이렇게 아브람에게 세 번째 나타나신 이유는 후사에 관한 약속 즉 너에게서 난 자가 너의 후사가 될 것이라는 것을 알려주기 위함입니다. 하나님은 아브람의 잘못된 생각을 고쳐주시기 위해 그를 이끌고 밖으로 나가셔서 하늘에 뭇별들을 보여주시면서 아브람의 자손에 관한 약속을 또 하십니다. 그러자 아브람이 여호와를 믿었고, 하나님은 그 믿음을 의로 여기셨다고 말씀합니다. 우리는 여기서 새로운 "의"의 개념을 소개받게 됩니다. 그것은 바로 믿음으로 나타나는 의입니다. 이는 사람이 하나님으로부터 얻을 수 있는 의의 개념입니다.

그리고 하나님은 이 땅으로 아브라함에게 업을 삼게 하신다는 것을 알려줍니다. 그것을 어떻게 알겠느냐고 하자 하나님은 나를 위하여 삼년 된 암소와 삼년 된 암염소와 삼년 된 수양과 산비둘기와 집비둘기 새끼를 취하라고 하시면서 제사를 드리라고 합니다. 새외에 모든 제물을 둘로 쪼개어 기다리고 있는 중 아브라함이 잠이 들자 이상 중에 하나님이 나타나셔서 이방의 객이 되어 4대만에 큰 재물을 가지고 돌아올 것을 예언하십니다.

(4) 사라의 여종 하갈 이야기

하나님은 아브람에게 약속하신 자손을 오랫동안 주시지 않았습니다. 이렇게 오랫동안 하나님이 아브람에게 자식을 주시지 않자 사라는 아브람의 자손을 생산하기 위한 새로운 방법을 고안해 냅니다. 사래가 고안해 낸 방법은 인간적인 방법이었습니다. 아브라함과 하갈을 동침시키는 것이었습니다. 그래서 이스마엘이 탄생합니다. 이스마엘을 낳은 하갈은 사라를 멸시합니다. 그러자 사라는 하갈을 학대하였고, 하갈은 도망을 합니다. 도망 중 하나님의 사자가 나타나 그가 아들을 낳을 것임과 그 아들의 이름을 이스마엘로 하라는 메시지를 줍니다. 그리고 이스마엘은 장차 들나귀 같이 될 것임을 예언했습니다. 그래서 돌아와 아이를 낳으니 그가 곧 이스마엘이며 그때 아브라함의 나이가 86세였습니다.

(5) 할례로 맺은 언약

하나님은 아브라함의 99세 되던 해에 또 나타나셔서 내 앞에서 완전하라고 하시면서 언약을 세우십니다. 너는 아브람을 아브라함으로 이름을 바꾸라고 하시면서 열국의 아비가 될 것이라고 하셨습니다. 그리고 아브라함으로부터 열왕이 좇아날 것이라고 약속하십니다. 이러한 약속을 너와 네 후손에게 영원한 언약을 삼자고 하시면서 언약의 징표로 할례를 하게 하십니다. 그리고 하나님은 사래를 사라로 하고 열국의 어미가 될 것임을 약속합니다. 그리고 그가 90세이지만 아들을 낳을 것임을 알려주고 이름을 "이삭"으로 지으라고 하셨습니다. 그 이삭이 하나님과 언약을 세우고 그 후손에게 영원한 언약이 될 것임을 알려주셨습니다. 그리고 이스마엘에 대하여는 그 후손이 중다할 것임과 열두 방백을 낳아서 큰 나라를 이룰 것임을 알려주었습니다.

(6) 세 천사의 등장

아브라함에게 세 천사가 나타나 그 아내 사라에게 아들이 있을 것이라는 소식을 알려주었습니다. 여러 번 아들이 있을 것임을 알려주는 이유는 그것을 자꾸 잊어버리기 때문입니다. 세 천사가 나타난 것은 곧 이삭이 나올 것을 알려주신 것입니다. 그리고 세 천사는 소돔과 고모라의 심판을 위해 떠납니다. 소돔과 고모라는 의인 10명이 없어서 멸망하고 맙니다. 소돔과 고모라의 타락상은 천사들이 롯의 집에 당도했을 때 그들을 상관하겠다고 하는 사람들을 통해 뚜렷이 알 수 있습니다.

하나님은 소돔과 고모라를 심판하실 때 롯을 탈출시킵니다. 물론 그의 아내는 뒤를 돌아보지 말라는 명령을 어기어 소금기둥으로 바뀌어 버립니다. 즉 세상을 돌아보지 말고 피난하라는 하나님의 말씀을 범한 것입니다. 그래서 롯은 요단강 동편으로 이주하여 그곳에서 모압과 암몬 족속의 조상이 됩니다.

(7) 아브라함의 그랄로의 이사

아브라함은 그랄로 이사합니다. 당시 그 땅은 그랄왕 아비멜렉에 의해 통치되고 있었습니다. 여기서도 사라를 자신의 동생이라고 하여 아비멜렉에게 아내 사라를 바칩니다. 그러나 하나님의 사자가 꿈에 현몽하여 그랄왕에게 그녀를 취하지 말라고 경고합니다. 그래서 이를 돌이키고 아브라함을 선대합니다.

(8) 이삭의 출생과 이스마엘

하나님의 약속의 자녀 이삭이 탄생하면서 아브라함의 집안은 인간의 뜻에 의하여 난 자 이스마엘로 인한 갈등이 시작됩니다. 아브라함에게 깊은 근심이 시작된 것입니다. 이에 대한 하나님의 해결책은 사라의 말을 들으라는 것이었습니다. 따라서 하갈과 이스마엘은 아브라함의 집에서 분리됩니다. 그러나 하나님은 이스마엘도 아브라함의 씨로 인정해 주십니다.

아브라함은 떡과 물 한 가죽부대를 주면서 하갈과 이스마엘을 집에서 내어보냅니다. 브엘세바 들에서 하갈과 이스마엘은 방황하면서 물이 떨어져 죽게 되었습니다. 그러자 하나님은 이스마엘을 버리지 아니하시고 구원하십니다. 그리고 이스마엘과 함께하시는 하나님을 볼 수 있습니다. 우리는 이 이야기를 통해 인간의 뜻에 의해 나온 사람도 하나님이 관심을 기울이신다는 것을 알 수 있습니다.

(9) 브엘세바 언약

아브라함과 아비멜렉이 브엘세바 언약을 세우는 내용을 이야기하고 있습니다. 브엘세바 언약의 최초의 발단은 아비멜렉으로부터 시작됩니다. 아비멜렉이 이 언약을 세우기로 한 가장 큰 이유는 아브라함이 무슨 일을 하든지 하나님이 함께 하신다는 것을 알았기 때문입니다. 그래서 그는 아브라함에게 그와 그 아들과 그 손자에게 거짓되이 행치 않기를 하나님을 가리켜 맹세하는 약속을 맺게 됩니다. 이것이 브엘세바 언약입니다.

우리는 이 언약에서 하나님의 구속사 속에 들어간 아브라함의 삶을 볼 수 있습니다. 그의 삶이 이끌려지는 방식은 크게 두 종류로 나눠집니다. 하나님의 생각으로 이끌려지는 방식과 자신의 생각으로 행하는 방식입니다. 그러나 구속사 속에 들어간 사람들은 언제나 하나님의 뜻에 의해 이끌려지는 결과를 낳게 된다는 것입니다.

아브라함의 삶을 보면 그가 어떤 삶을 살아가든 하나님이 함께하십니다. 그가 자의적으로 결정하여 한 가장 큰 일 두 가지는 자신의 아내를 애굽왕과 아비멜렉에게 준 것이었습니다. 하나님은 이 일에 간섭하시어 아브라함에게 유리한 상황으로 환경을 반전시킵니다.

(10) 이삭을 제물로 바침

하나님은 아브라함에게 사랑하는 독자 이삭을 모리아 땅의 산에 가서 번제로 드리라고 말씀합니다. 아브라함이 독자 이삭을 번제로 드리는 제사는 인간이 하나님께 드릴 수 있는 최고의 제사였습니다. 아브라함이 이 최고의 제사를 드릴 수 있었던 이유는 하나님을 믿었기 때문입니다.

아브라함은 독자 이삭을 하나님께 완전히 드립니다. 그 드리는 구체적인 행동은 그를 결박하고 손을 내밀어 칼을 잡고 그를 잡으려는 순간이었습니다. 하나님은 아브라함이 완전히 이삭을 드리는 것을 안 순간 새로운 길을 열어주시고 아브라함에게 큰 복을 주십니다. 우리는 이 사건을 통해 세상의 법과 하나님의 법을 알 수 있습니다. 하나님의 법은 아브라함이 이삭을 완전히 버렸을 때 비로소 그것을 주시는 법입니다.

(11) 이삭과 그의 아내 리브가를 택하시는 방법

아브라함이 이삭의 아내를 선택하는 방법은 매우 특이합니다. 자신의 늙은 종을 나홀의 성에 보내어 이삭의 아내를 선택하여 데리고 오라고 합니다. 아들 이삭을 그곳에 데리고 가서는 안 된다고 재차 말씀합니다. 우리는 여기서 약속의 자녀 이삭에게 역사하시는 하나님에 대한 아브라함의 믿음을 볼 수 있습니다. 약속의 자녀는 가나안에 남아 있어야 한다는 것입니다. 그래서 늙은 종을 보냅니다.

늙은 종이 이삭의 아내를 선택하는 방법이 아주 특이합니다. 늙은 종은 여호와께 우물에 물을 길으러 온 소녀에게 "물항아리를 기울여 나로 마시게 하라고 했을 때 마시라 내가 당신의 약대에게도 마시우리라"고 하면 그 여인이 이삭의 아내임을 알 것이라고 합니다. 이러한 고함이 있은 직후 리브가(밀가가 나홀에게서 낳은 브두엘의 딸)가 나타났고, 그에 맞게 대답을 하였습니다. 그래서 이삭의 아내가 됩니다.

(12) 이삭의 후예 에서와 야곱

이삭의 아내 리브가는 약속의 자손을 잉태하여야 함에도 불구하고 잉태하지 못합니다. 그래서 이삭이 37세 이후 결혼한 후 약 25년 동안 자녀가 없이 살았습니다. 그런데 여호와께 아내가 잉태하지 못하므로 간구하매 여호와께서 그 간구를 들으시고 리브가에게 잉태하도록 합니다. 우리는 여기서 하나님의 구속사가 진행되는 방법을 봅니다. 그것은 사람이 간구하고, 그것을 들으시고, 응답하심으로써 진행된다는 것입니다.

리브가가 잉태를 하였고, 리브가의 복중에서 아이들이 싸움을 합니다. 이삭은 여호와께 묻습니다. 그러자 하나님은 두 국민이 태중에 있으며 복중에서부터 나누이며 큰 자가 어린 자를 섬기리라고 말씀하십니다. 우리는 여기서 이 아이들 즉 에서와 야곱은 어머니 태중에서부터 그들의 삶이 결정되어 있다는 것을 추측할 수 있습니다. 에서와 야곱 이 두 사람의 뚜렷한 차이는 바로 약속의 자녀와 그렇지 않은 자녀를 구분시켜 줍니다.

사람의 의지에 의해 약속의 자녀가 결정되는 것이 아니라 하나님이 이미 결정해 놓으셨다는 것입니다.

야곱은 성장한 후 형 에서에게 장자의 명분을 팥죽 한 그릇에 팔라고 이야기합니다. 그러자 에서는 맹세하고 장자의 명분을 동생인 야곱에게 팝니다. 그 당시 이삭의 가계에서 장자의 명분은 기업을 이어가는 것이었습니다. 이삭의 기업은 하나님으로부터 받은 약속입니다. 에서는 장자의 명분을 경홀히 여기었음을 알 수 있습니다. 그가 어느 정도로 경홀히 여겼을까요? 팥죽 한 그릇보다도 더 못하게 생각한 것입니다. 오늘날 크리스천들에게 있어서 장자의 명분은 무엇일까요? 이 명분을 경홀히 여기는 크리스천들이 있다면 왜 그럴까요?

야곱은 외삼촌 라반의 집의 두 딸 레아와 라헬을 아내로 맞이합니다. 그리고 그 아내들과 그녀의 몸종들과 동침하여 12명의 아들을 낳습니다.

* 레아(주전 1923년 결혼): 르우벤, 시므온, 레위, 유다(주전 1919), 잇사갈, 스불론
* 라헬(주전 1917년 결혼): 요셉(주전 1916), 베냐민
* 라헬의 여종 빌하: 단, 납달리
* 레아의 여종 실바: 갓, 아셀
* 야곱의 자손들이 이스라엘의 12지파로 나눠짐

(13) 야곱의 이름이 이스라엘로 바뀜

야곱은 하나님의 천사와 씨름을 통해 그의 이름은 야곱에서 이스라엘로 바뀝니다. 야곱의 이름의 의미는 형의 발꿈치를 잡은 자라는 것이며 이스라엘은 네가 하나님과 사람으로 더불어 겨루어 이기었다는 것입니다. 바뀐 이름의 의미는 하나님의 천사들을 만났을 때 그가 축복을 받지 않고는 그들을 그대로 보내지 않겠다는 의지를 통해 결국 축복을 받아냈다는 것입니다.

(14) 다말의 이야기

다말은 그 시아버지 유다에게서 베레스와 세라를 낳았습니다. 다말은 남편이 죽어 친정에 가 있는 동안 시아버지가 자신의 동네를 지난다는 소식을 접하고 있다가 창녀로 변장하여 동침을 하게 됩니다. 그래서 잉태하여 베레스와 세라를 낳습니다. 이와 같은 다말의 행위는 어떻게 평가받아야 할까요?

(15) 요셉의 이야기

요셉은 2개의 꿈을 꿉니다. 6개의 곡식단이 자신의 곡식단에 절하는 것과 해와 달과 11개의 별이 자신에게 절하는 것이었습니다. 그것을 형제들에게 말함으로써 미움을 사게 되고 형제들은 요셉을 미디안 상인에게 팝니다. 요셉은 그 상인들에게 팔려서 애굽으로 오게 되고 보디발의 집에서 집사의 일을 감당하게 됩니다.

그러나 보디발의 아내의 일로 감옥에 가게 되고 그곳에서 술 관원장과 떡 관원장을 만납니다. 꿈의 내용과 해석은 다음과 같습니다.

"술 맡은 관원장이 그 꿈을 요셉에게 말하여 가로되 내가 꿈에 보니 내 앞에 포도나무가 있는데 그 나무에 세 가지가 있고 싹이 나서 꽃이 피고 포도송이가 익었고 내 손에 바로의 잔이 있기로 내가 포도를 따서 그 즙을 바로의 잔에 짜서 그 잔을 바로의 손에 드렸노라 요셉이 그에게 이르되 그 해석이 이러하니 세 가지는 사흘이라 지금부터 사흘 안에 바로가 당신의 머리를 들고 당신의 전직을 회복하리니 당신이 이왕에 술 맡은 자가 되었을 때에 하던 것 같이 바로의 잔을 그 손에 받들게 되리이다 당신이 득의하거든 나를 생각하고 내게 은혜를 베풀어서 내 사정을 바로에게 고하여 이 집에서 나를 건져내소서 나는 히브리 땅에서 끌려온 자요 여기서도 옥에 갇힐 일은 행치 아니하였나이다."

떡 굽는 관원장이 그 해석이 길함을 보고 요셉에게 이르되 나도 꿈에 보니 흰떡 세 광주리가 내 머리에 있고 그 윗광주리에 바로를 위하여 만든 각종 구운 식물이 있는데 새들이 내 머리의 광주리에서 그것을 먹더라 요셉이 대답하여 가로되 그 해석은 이러하니 세 광주리는 사흘이라 지금부터 사흘 안에 바로가 당신의 머리를 끊고 당신을 나무에 달리니 새들이 당신의 고기를 뜯어 먹으리이다 하더니 제삼일은 바로의 탄일이라 바로가 모든 신하를 위하여 잔치할 때에 술 맡은 관원장과 떡 굽는 관원장으로 머리를 그 신하 중에 들게 하니라 바로의 술 맡은 관원장은 전직을 회복하매 그가 잔을 바로의 손에 받들어 드렸고 떡 굽는 관원장은 매달리니 요셉이 그들에게 해석함과 같이 되었으나 술 맡은 관원장이 요셉을 기억지 않고 잊었더라."

(16) 애굽과 바로의 꿈 해석과 총리가 됨

요셉이 술 맡은 관원장에게 꿈을 해석해 준지 2년이 지난 후 바로는 특이한 꿈을 연속하여 꾸게 됩니다. 꿈의 내용은 다음과 같습니다.

"바로가 꿈을 꾼즉 자기가 하숫가에 섰는데 보니 아름답고 살진 일곱 암소가 하수에서 올라와 갈밭에서 뜯어먹고 그 뒤에 또 흉악하고 파리한 다른 일곱 암소가 하수에서 올라와 그 소와 함께 하숫가에 섰더니 그 흉악하고 파리한 소가 그 아름답고 살진 일곱 소를 먹은지라 바로가 곧 깨었다가 다시 잠이 들어 꿈을 꾸니 한 줄기에 무성하고 충실한 일곱 이삭이 나오고 그 후에 또 세약하고 동풍에 마른 일곱 이삭이 나오더니 그 세약한 일곱 이삭이 무성하고 충실한 일곱 이삭을 삼킨지라 바로가 깬즉 꿈이라."

"세약하고 동풍에 마른 일곱 이삭이 나더니 그 세약한 이삭이 좋은 일곱 이삭을 삼키더라 내가 그 꿈을 술객에게 말하였으나 그것을 내게 보이는 자가 없느니라."

바로의 꿈은 애굽의 기라성 같은 술사들도 해석하지 못하였습니다. 애굽의 술사들은 당시 학문에 능통한 자들이며 애굽의 국정을 이끌어 가는데 바로에게 중요한 자문을 하는 자들이었습니다. 그런데 그들은 바로의 꿈을 해석하지 못하였습니다. 그러나 요셉을 이를 해석합니다. 요셉이 이 꿈은 해석할 수 있었던 것은 그가 하나님의 지혜를 얻었기 때문입니다. 이로 인해 요셉은 애굽의 국무총리가 됩니다.

(17) 야곱과 그 가족이 애굽으로 내려감

기근으로 인해 야곱과 가족들은 애굽으로 내려갔고, 야곱은 우여곡절 끝에 요셉을 만나게 됩니다. 고센 땅에 정착하여 430년 동안 애굽에서 머무르게 되면서 약 250만의 인구로 증가하게 됩니다. 애굽으로 내려가서 야곱은 요셉의 두 아들 므낫세와 에브라임을 아들을 삼습니다. 이는 요셉에게 두 지파의 몫을 주기 위함이었습니다. 애굽에서 야곱은 죽게 되는 데 죽기 전 12아들에게 예언을 하게 됩니다.

(18) 애굽에서 이스라엘 민족을 기르심

하나님은 이 세상에 하늘나라의 모형인 이 세상의 이스라엘 나라를 건설하기 위해 아브라함이라는 한 사람을 선택하십니다. 이 세상에 이스라엘 나라를 건설하여 하늘나라에도 이스라엘이 있다는 것을 보여주시기 위해 아브라함을 택하신 것입니다. 아브라함은 75세에 하나님의 부름을 받고 자신이 살았었던 갈대라 우르를 떠나 가나안 땅으로 들어가 헤브론이라는 땅에 살게 되었습니다. 하나님은 바로 이 아브라함을 통해 육적인 하나님의 나라인 이스라엘을 건설하셨습니다. 이는 바로 예수님을 이 땅에 보내실 준비를 하신 것입니다.

이스라엘이라는 나라는 이삭의 아들 야곱이 12아들을 낳음으로써 그 지파의 모습을 갖추게 됩니다. 야곱은 네 사람의 아내에게서 12명의 아들을 얻게 됩니다. 이 12명의 아들이 바로 이스라엘 나라의 12지파가 됩니다.

이스라엘 민족이 이주하였을 때는 애굽의 왕의 태도가 우호적이었으나 왕이 바뀌면서 점차 적대적으로 바뀌었습니다. 그리고 이스라엘 민족의 수가 무섭게 성장하자 애굽왕은 경계하기 시작하였고 결국은 애굽의 종으로 삼아 버렸습니다. 다음은 이러한 내용에 대한 요약입니다.

야곱의 가족이 이집트로 이주한 이후 이집트 신왕국 제18왕조의 아모스1세부터 이집트는 히브리 민족을 노예로 부리기 시작하였습니다. 히브리 민족이 큰 민족으로 성장하면서 이집트는 위험을 느끼기 시작하였습니다. 그 후 아멘호텝1세는 히브리 여인들이 남자 아이를 낳으면 모두 죽이라고 명령하였습니다. 이러한 과정에서 출애굽을 위한 모세가 탄생하고 그는 바로의 궁에서 막강한 세력을 가진 핫셉수트에 의해 길러지게 됩니다.

3) 애굽의 신왕국

이집트의 신왕국은 아모세1세에 의해 설립이 됩니다. 아모세1세는 힉소스왕조를 이집트에서 쫓아내고 히브리 민족을 종으로 부리기 시작한 왕입니다. 역사가들은 그가 세운 왕조를 이집트의 18왕조라고 명명하고 있습니다. 이 18왕조는 약 250년간 지속이 되다가 왕조의 총리대신이었던 람세스1세가 등장함으로써 19왕조로 왕조가 바뀌게 됩니다.

총리대신으로 왕이 된 람세스 1세는 왕조의 도읍을 델타로 옮기고 자신의 왕조를 펼쳐갑니다. 그의 다음 보위를 이어받은 세티 1세는 어마어마한 군사력을 보유하면서 이집트 인근 지역을 지배하게 되고 이집트를 세계의 1인자로 올려놓습니다. 다음 왕인 람세스2세 때에 헷왕국과의 전쟁에서 국력을 소모하여 혼란기에 접어들며 19왕조의 마지막 왕인 메르넵타가 왕위에 올랐을 때는 이집트의 팔레스타인 지배력이 매우 약해지게 됩니다.

2. 출애굽

1) 히브리인의 출애굽

억압 속에서도 히브리인은 계속하여 성장하였습니다. 이 와중에 B.C. 1526년 그 유명한 모세가 레위의 한 족속 중에서 탄생합니다. 바로의 왕궁에서 왕자로 성장을 합니다. 그런데 자신이 히브리인임을 알고 히브리인과 싸운 이집트인을 살해하고 미디안으로 피신하여 그곳에서 40년간 머물게 됩니다. 미디안 광야에서 40년을 머문 모세는 광야의 떨기나무에서 하나님을 만나고 하나님의 지시를 받는 자가 됩니다. 하나님은 이 모세를 애굽으로 보내어 히브리인의 출애굽을 착수하십니다.

애굽의 바로는 이스라엘 민족을 자신의 종으로 부리고 있었기 때문에 그들이 애굽에서 나가는 것을 좋아하지 않았습니다. 그들을 계속하여 애굽의 종으로 부리고 싶었습니다. 따라서 모세는 애굽의 바로와 담판을 짓게 됩니다. 이 와중에서 하나님은 10번의 재앙을 애굽에 일으키십니다. 마지막 재앙인 모든 살아있는 것들의 장자가 죽는 재앙을 겪은 후 바로는 이스라엘 민족이 애굽을 나가는 것을 허락하게 됩니다. 그것이 바로 출애굽 사건입니다. 이 출애굽 사건에서 바로 홍해가 갈라지는 역사가 일어나게 되는 것입니다.

(1) 애굽에서의 이스라엘의 창성

이스라엘 자손은 애굽에서 생육이 중다하고 번식하고 창성하고 심히 강대하여 온 땅에 가득하게 되는 일이 일어났습니다. 이는 하나님이 아브라함과 한 약속을 이루시는 것입니다. 애굽에 올 때 70명이었던 이스라엘 자손이 애굽의 자손과 섞이지 아니하고 크게 성장하는 모습을 보여줍니다. 이스라엘 자손이 애굽 족속과 섞이지 않았던 이유는 하나님과의 약속이 그들을 잡아 주었기 때문입니다.

애굽 사람들은 그들의 번성이 두려워 이스라엘 백성들을 학대하기 시작합니다. 그러나 학대를 받을수록 더욱 번식하고 창성하게 되었습니다. 이는 하나님의 역사가 이스라엘 백성에게 일어나고 있었기 때문입니다. 이스라엘 백성들은 고역으로 인하여 힘들어지자 하나님께 부르짖었습니다. 이 부르짖는 소리가 하나님께 들리게 됩니다. 이 소리가 들리자 하나님이 이스라엘 백성들을 위해 모세를 훈련시키기 시작하였습니다.

애굽에서의 이스라엘 백성들은 생육이 번성하고 심히 강대하였습니다. 하나님이 이스라엘 백성들에게 역사하였기 때문입니다. 그렇게 된 것은 하나님의 뜻이었습니다. 애굽 왕은 이를 방해하기 위하여 산파를 시켜 남아는 죽이고 여아는 살리라고 명령하였습니다. 그러나 산파는 하나님을 두려워하여 애굽 왕의 명을 어기고 남아를 살렸습니다. 그래서 하나님은 산파들의 집을 왕성케 하였습니다. 하나님의 뜻을 준행하는 자들이 어떤 복을 받는지를 알려주는 내용입니다. 당시 산파들은 이스라엘 백성들의 생육이 번성하고 심히 강대하여 하나님이 이 일에 역사하신다는 사실을 분명히 알았습니다. 그래서 바로의 말을 들을 수 없었습니다.

(2) 모세 이야기

레위인 여인이 모세를 낳고 3개월 동안 기른 후 갈대상자에 담아 하수에 흘러내려 가게 합니다. 이를 바로의 공주가 발견하고 그 아이를 궁으로 데려가 기릅니다. 이 갈대상자 이야기를 통해 모세와 같은 지도자의 탄생과정을 이해할 수 있습니다. 모세와 같은 지도자의 탄생과정에는 하나님의 간섭이 분명히 있었습니다. 특히 그가 애굽의 왕실에서 자랄 수 있었던 것은 하나님의 분명한 간섭이었습니다. 모세가 애굽의 왕국에서 길러졌다는 것은 어떤 의미를 가질 수 있을까요? 모세가 하수에서 떠내려가지 아니하고 구원을 받은 것은 하나님의 역사하심이 있었기 때문입니다. 오늘날 영적 구원을 받은 사람들도 하나님의 역사하심이 그 인생에 나타났기 때문입니다. 하나님이 모세를 구원하신 이유는 무엇일까요? 오늘날 우리들을 구원하신 이유는 무엇일까요?

모세는 자신이 히브리인임을 알고 그들에 대한 지극히 큰 형제애를 가집니다. 그래서 애굽인이 히브리인을 치는 것을 보고 그를 쳐 죽입니다. 그리고 히브리인들간 싸움이 났을 때 그들을 주관하려고 하다가 실패합니다. 우리는 이 이야기를 통해 부름받지 아니한 지도자의 모습을 볼 수 있습니다. 부름받지 아니한 모세의 모습과 부름받은 모세의 모습에는 어떤 차이가 있을까요? 당시 히브리인들은 어떤 속성을 가진 자들이었습니까? 누가 진정으로 히브리인들의 지도자가 될 수 있을까요? 오늘날은 어떻게 부름을 받으며 자신이 부름을 받은 것을 어떻게 알 수 있을까요? 부름받는 것에 대한 신·구약시대의 차이는 무엇일까요?

모세는 40년간 바로의 궁에서 길러졌지만 그의 40년간의 생활에 대해서는 성경에 전혀 기록되지 않았습니다. 이는 모세의 사적인 삶이었기 때문입니다. 성경은 모세의 공적인 삶만 기록합니다. 모세의 공적인 삶이라는 것은 어떤 종류의 삶을 의미할까요? 모세의 공적인 삶에 대한 기록은 성경적 권위를 가지게 됩니다. 즉 말씀으로서의 위력을 가진다는 것입니다. 오늘날 우리들의 삶은 어떨까요? 우리가 공적인 삶을 살아간다면 어떤 일이 일어날까요?

모세는 미디안 광야에서 목자들을 물리치고 미디안 제사장의 딸들을 도와 양들에게 물을 먹인 것이 인연이 되어 그곳에서 혼인을 하게 됩니다. 우리는 이를 통해 모세의 사람됨을 추측할 수 있습니다. 모세의 훈련기간은 크게 두 부분으로 나눠질 수 있습니다. 바로의 공주의 아들이 되면서 애굽의 왕자로 살아간 기간과 믿음의 결단 이후 미디안 광야에서 살아간 기간입니다. 애굽에서의 기간은 세상적 학문과 지식을 연마한 시기였고, 미디안 광야에서는 타국에서 객이 되어 훈련받은 시기입니다. 타국에서 객이 되어 훈련받는 기간은 어떤 종류의 훈련일까요? 왜 이 두 종류의 훈련기간이 필요할까요? 오늘날 우리들은 어떨까요?

하나님이 모세에게 나타나셔서 하신 첫마디는 "너의 선 곳은 거룩한 땅이니 네 발에서 신을 벗으라"는 것이었습니다. 모세가 떨기나무 불꽃 앞에 섰을 때 성경은 그 장소를 거룩한 땅이라고 합니다. 모세가 선 장소가 거룩하게 된 것은 이전부터 그랬던 것이 아니라 하나님이 그곳에 임하셨기 때문입니다. 우리는 이를 통해 하나님이 세상의 어떤 특정한 장소에 임하게 되면 그곳은 거룩해질 수 있다는 것을 알 수 있습니다. 그러면 율법시대와 복음시대에 하나님이 임하셨던 장소는 어디이며 하나님이 임하셨던 그 장소는 언제나 거룩한 것일까요?

그 장소가 거룩하게 되는 때는 언제일까요?

애굽에서 쫓겨서 미디안으로 왔었던 모세는 40년 만에 다시 애굽으로 돌아갑니다. 목숨을 보존하기 위해 도망 나왔던 모세는 이제 광야에서 아내와 아들을 얻었고, 하나님의 부름을 받았고, 하나님의 지팡이를 가지게 되었습니다. 모세에게 40년간의 미디안 광야 생활에 대한 기록은 성경에 나타나지 않습니다. 그러나 그 생활이 헛된 것은 아니었음을 알 수 있습니다. 무엇으로 그것을 알 수 있을까요?

(3) 10가지 재앙과 유월절 규례

- 10가지 재앙: 피, 개구리, 이, 파리, 악질, 독종, 우박, 메뚜기, 흑암, 장자

- 유월절: 유월절 규례는 430년이 마치는 그날에 애굽으로부터 이스라엘 백성을 인도해 내신 것을 기억하기 위하여 그 날 밤을 "여호와의 밤"이라 하여 여호와 앞에서 대대로 지키는 것입니다. 그 규례는 구체적으로 유월절 어린 양을 먹는 것인데 거류인이나 타국 품꾼은 먹지 못하고 할례받은 자들만 먹는 것이며, 한 집에서 먹되 고기를 조금도 집 밖으로 내지 않고 뼈도 꺽지 않는 것이었습니다. 그러면 유월절 양의 고기를 먹는다는 것의 의미는 무엇일까요? 그것을 지킨다는 것은 어떤 면에서 중요한 것일까요? 누가복음 22:15~16절에서 예수님은 제자들에게 고난 전 유월절 먹기를 바라고 바라셨으며, 이 유월절이 하나님의 나라에서 이루기까지 먹지 않으시겠다고 하셨습니다. 이 말씀의 의미는 무엇일까요?

(4) 출애굽과 홍해가 갈라짐

이스라엘 백성들을 우여곡절 끝에 출애굽을 합니다. 그러나 출애굽을 허락했었던 애굽의 군대는 이스라엘 백성들을 추격해옵니다. 하나님은 모세에게 이스라엘 백성들이 바다와 믹돌 사이에 진 치게 하고 바로의 군대를 기다리라고 했습니다. 하나님이 바로의 군대를 통해 영광을 얻고 애굽 사람으로 하여금

이스라엘 백성을 이끄시는 분은 여호와 하나님인 줄 알게 할 것이라고 하였습니다. 이 계획을 위해 바로의 마음을 강퍅하게 하시겠다고 하였습니다. 우리는 이 말씀을 통해 이스라엘 백성들을 광야에서 이끄시기 위한 하나님의 계획은 이미 세워져 있다는 것을 알 수 있습니다. 출애굽을 한 후 이스라엘 백성들에 대한 하나님의 첫 번째 계획은 홍해가 갈라지게 하는 계획이었습니다. 홍해가 갈라지게 하는 계획은 이스라엘 백성들에게 왜 필요했을까요?

모세는 백성들에게 두려워말고 하나님이 행하시는 구원을 보라고 말하면서 하나님께 부르짖었습니다. 이렇게 한 것은 마땅히 어떻게 할 줄 몰랐기 때문입니다. 그러자 하나님이 백성들로 나가게 하고 손을 바다 위로 내밀어 갈라지게 하라고 말씀했습니다. 막다른 골목에서 백성들을 구원하는 일에 모세의 손을 동참시키십니다. 이는 우리들에게 하나님이 이스라엘 백성들과 함께 일을 행하시는 법을 알려주시는 것입니다. 이는 어떻게 일하신다는 것일까요? 이 시대는 모세 때와 같이 음성이 들리지 않습니다. 그러면 어떻게 할 수 있을까요?

애굽의 군대가 추격해 왔습니다. 하나님의 진 앞에서 행하던 하나님의 사자가 진 뒤로 옮기자 구름기둥과 불기둥도 뒤로 옮겨져서 이스라엘 진과 애굽의 진을 분리시킨 후 홍해를 건너도록 하였습니다. 이는 이스라엘 백성들은 하나님의 보호아래 있다는 것을 의미합니다. 이스라엘 백성들은 홍해를 건너면서 애굽의 손에서 완전히 벗어났습니다. 10가지의 재앙과 홍해 속에 애굽의 군대가 수장이 되었을 때 비로소 애굽으로부터 벗어난 것입니다. 이는 애굽은 이스라엘 백성을 보내지 않겠다는 속성을 보여주는 것입니다. 세상은 절대로 하나님의 백성들을 돌려보내지 않으려는 속성이 있다는 것입니다. 애굽은 왜 이스라엘 백성들을 보내지 않으려고 했을까요? 그러면 오늘날 세상은 왜 선택된 백성들을 보내지 않으려 할까요?

(5) 마라의 물과 만나
(성서지도 사이트 주소: www.s-mok.com/imr/map/index.htm)

모세가 홍해에서 이스라엘을 인도하여 수르 광야로 들어가 사흘 길을 행하였지만 물을 얻지 못하고 마라의 물에 이르렀습니다. 그들은 사흘 동안 물을 마시지 못했기 때문에 매우 목이 말라 있었습니다. 그런데 마라의 물은 쓴 물이라 마실 수 없었습니다. 우리는 여기서 홍해를 통해 하나님의 큰 이적을 경험하였고, 구름기둥과 불기둥으로 인도함을 받았던 이스라엘 백성과 같은 사람들도 그 앞길이 평탄하지 않을 수 있다는 것을 추측할 수 있습니다. 왜 하나님이 그 백성을 인도하시는데 이와 같은 어려움이 그들에게 나타나는 것일까요? 오늘날 우리들에게는 이와 같은 어려움이 없을까요?

마라의 쓴 물 때문에 이스라엘 백성들은 모세를 원망합니다. 모세가 하나님께 부르짖었더니 하나님이 그 물을 마실 수 있는 방법을 알려주셨습니다. 모세가 그대로 행하여 그 물이 달게 되었습니다. 마라의 쓴 물은 하나님이 지시한 나뭇가지를 물에 던졌더니 단 물로 바뀌었습니다. 이는 세상에서의 쓴 물도 하나님이 지시한 나뭇가지만 있으면 달게 만들 수 있다는 것을 의미합니다. 세상에서 쓴 물을 단 물로 바꿀 수 있는 하나님의 나뭇가지는 구체적으로 어떤 것일까요? 쓴 물이 단 물이 되었다는 것은 무엇을 의미할까요?

하나님은 마라의 물 사건 후 백성들에게 법도와 율례를 주시고 그것을 지키게 하셨습니다. 이스라엘 백성들은 이제 그것을 지키면 복이고, 지키지 않으면 환란이 따를 수 있게 된 것입니다. 마라의 일이 일어난 지 얼마 되지 않아 백성들은 또 다시 모세와 아론을 원망합니다. 목마름 이후 배고픔에 대한 시험이었습니다. 그러자 하늘에서 양식을 비같이 내려 그들이 일용할 것을 날마다 거두게 하고 율법을 준행하는지의 여부를 시험하시겠다고 하였습니다. 이는 일용할 양식을 통해 하나님의 임재를 보여주시면서 그 법도를 지키라고 하신 것입니다. 그러나 이스라엘 백성들은 법도를 지키지 못합니다. 왜 못 지켰을까요? 광야에서 백성들에게 먹을 것은 하늘에서 내려왔습니다. 이 시대의 그리스도인들에게는 어떨까요?

(6) 르비딤과 아말렉과의 전쟁

르비딤에 도착하자 물이 없었습니다. 그러자 하나님은 모세에게 호렙산 바위를 치라고 하여 그 반석에서 물이 나오게 합니다. 이스라엘 백성들이 반석에서 나온 물을 먹고 갈증을 해결하자 이번에는 아말렉과 전쟁을 합니다. 가나안으로 가는 여정은 평탄치 않습니다. 자연과 사람들이 중간에서 장애물로 나타납니다. 자연이 주는 장애물은 하나님이 모세로 하여금 반석을 치게 함으로써 극복합니다. 그런데 사람들이 주는 장애물은 전쟁을 통해 극복합니다. 여호수아는 전투를 벌이고 모세는 손을 들고 기도함으로써 극복합니다. 모세의 손이 내려질 때 패하고 올려질 때 승리합니다. 어떤 의미일까요? 여호수아가 직접 전투하는 것은 어떤 의미일까요?

하나님은 아말렉과의 전투에서의 승리를 기록하여 기념하게 하라고 말씀하시면서 여호수아에게 그것을 들려주라고 하였습니다. 왜냐하면 하나님이 아말렉을 천하에서 기억함이 없게 만들어 버릴 것이기 때문입니다. 우리는 이 사건을 통해 가나안 여정에서 이스라엘 백성들을 방해한 사람들에 대한 하나님의 심판이 어떤 것인지를 추측할 수 있습니다. 가나안 여정에서 백성들을 방해하는 것은 이 시대에는 구체적으로 어떤 것과 같을까요? 그리고 단을 쌓고 그 이름을 여호와 닛시라고 하였습니다. 이것의 의미는 무엇일까요?

(7) 십계명

하나님은 첫째와 둘째 계명으로 "하나님 외에 다른 신들을 네게 있게 하지 말라, 너를 위하여 새긴 우상을 만들지 말라" 고 하였습니다. 하나님은 질투하시는 속성이 있다고 알려주시면서 다른 신들이나 우상을 섬기면 곧 하나님을 미워하는 것이라고 단정하시고 있습니다. 이 첫째와 둘째 계명은 사람이 하나님께 집중하라는 의미입니다. 이렇게 하면 자손 천대까지 복을 받을 것이라고 보장하셨습니다. 그런데 이스라엘 백성들은 계속하여 다른 신을 섬기고, 우상숭배에 빠지는 것을 보게 됩니다. 이러한 계명이 그들에게 주어졌음에도 불구하고 우상숭배에 빠지는 이유는 무엇일까요? 골로새서 3장 5절에서는 탐심이 우상숭배라고 말씀합니다. 탐심 때문에 우상숭배를 하게 된다는 것입니다. 우상숭배를 통해 채우려는 것은 구체적으로 어떤 종류의 탐심일까요? 이 계명은 하나님을 정확히 알라는 것을 보여주고 있습니다. 어떻게 정확히 알라는 것일까요?

셋째와 넷째 계명은 여호와의 이름을 망령되이 일컫지 말라는 것과 안식일을 거룩히 지키라는 것입니다. 여호와의 이름을 망령되이 일컫지 말라는 의미는 이름을 잘못 사용하지 말라는 것입니다. 그리고 6일간은 힘써 모든 일을 행하고 안식일에는 일을 하지 말라는 것은 하나님이 7일째 쉬었기 때문이라는 것입니다. 하나님이 안식일을 복되게 하여 거룩하게 하였다고 하였습니다. 여기서 안식일을 거룩하게 하였다는 것은 안식일에 하나님은 교제해 주시겠다는 의미입니다. 그래서 교제할 수 있는 이 날을 놓치지 말라는 것입니다. 어떻게 교제할까요? 이스라엘 백성들이 위의 4개의 계명을 지키는 것은 곧 하나님을 사랑하는 것이라고 말씀합니다. 왜 계명을 지키는 것이 하나님을 사랑하는 것일까요?

십계명 중 다른 한 부분은 사람과의 관계에서 지켜야 할 법들을 알려주고 있습니다. 그 중에 가장 먼저 부모 공경에 대하여 말씀합니다. 부모를 공경하면 하나님이 주신 땅에서 생명이 길 것이라고 말씀합니다. 그리고 나머지 계명들은 살인, 간음, 도적질, 거짓증거, 탐내지 말라는 것입니다. 마태복음 5장에서 이 계명들 중 살인과 간음죄에 대하여 해석하셨습니다. 예수님은 형제에 대하여 노하는 자, 라가라 하는 자, 미련한 놈이라 하는 자는 살인죄로 심판받을 것이라고 하셨습니다. 그리고 여자를 보고 음욕을 품는 자마다 마음에 이미 간음하였다고 말씀하셨습니다. 하나님이 계명을 선포하시는 것과 예수님이 그 계명을 해석하시는 데는 차이가 있습니다. 계명들을 선포하시는 것은 하나님의 백성들에게 살인과 간음에 대하여 알려주시기 위함이며 예수님은 인간은 그것을 지킬 수 없는 존재임을 알려주시기 위함입니다. 그러면 구약시대와 신약시대 하나님의 백성들은 이 계명들을 가지고 어떻게 살아가라는 것일까요? 예수님은 마음으로 짓는 죄를 알려주셨습니다. 마음 죄와 실제로 짓는 죄의 차이는 무엇일까요?

(8) 성막과 증거궤

하나님은 모세에게 하나님이 거하실 장막을 짓고, 기구를 만들라고 하였습니다. 장막과 기구를 지을 때에 하나님이 모세에게 보여주신 식양대로 지으라고 하셨습니다. 하나님이 거하시는 장소에 대한 모든 식양을 하나님이 가지고 계신다는 것을 의미합니다. 이는 하늘의 모형입니다. 하늘에 있는 것들을 그대로 이 땅에 복사하라는 것입니다. 하늘에 있는 성소의 모양을 그대로 땅에 복사하시라는 것은 이 땅에 하나님의 나라를 옮겨 놓으시겠다는 하나님의 의지로 해석할 수 있습니다. 세상에 하나님의 나라가 있다는 것입니다. 그 나라가 시작된다는 것입니다. 하나님의 법과 함께.... 하나님의 나라가 이 땅에 있어야만 하는 이유는 무엇일까요?

하나님은 성막의 설계도를 모세에게 주십니다. 성막의 덮개와 사면 벽과 관련된 설계도는 다음과 같습니다. 특이한 것은 성막의 덮개가 4겹으로 되어 있다는 것입니다. 겉에서부터 해달의 가죽, 수양가죽, 염소털, 세마포로 설계되어 있었습니다. 이렇게 4겹으로 덮개를 만드신 것은 외부의 빛을 완전히 차단하기 위함입니다. 따라서 성막 안에서는 하나님이 정하신 등대의 불빛아래 제사장들이 일을 하도록 하였습니다. 성막 안에서 제사장들이 하는 주 업무는 무엇입니까? 제사장들이 성막에서 일을 수행할 때 천장에서 그룹들이 지켜보고 있도록 설계되었습니다. 이는 무엇을 의미할까요? 제사장들과 그룹들은 어떤 관계가 있을까요?

하나님이 거하시는 곳에 있는 기구들 중 증거궤가 있습니다. 증거궤는 직육면체로 조각목으로 만들고 그것의 안과 밖을 정금으로 싸고 아래 네 모서리에 금고리를 달고 폴대를 그곳에 끼우는 식양을 갖추도록 하였습니다. 그리고 증거판 위는 속죄소라는 뚜껑으로 덮고 그 뚜껑에는 그룹이 서로 마주보는 모양으로 향하도록 하였습니다. 그리고 그 궤안에 증거판을 넣으라고 말씀하셨습니다. 하나님은 속죄소 위 두 그룹 사이에서 만나시고 이스라엘 백성들에게 명할 모든 일을 이르리라고 하셨습니다. 증거궤 위에서 하나님을 만날 수 있다는 것의 의미는 무엇일까요?

(9) 금송아지 우상과 두 번째 돌판

모세가 산에서 더디 내려오자 백성들은 아론과 함께 금송아지 우상을 만듭니다. 하나님은 이로 인해 이스라엘 백성들을 진멸하시고자 하자 모세가 이를 돌이킵니다. 모세는 산에서 내려와 금송아지 우상을 빻아 가루로 만들어 물에 뿌려 이스라엘 백성에게 마시우라고 하였습니다. 그래서 첫 번째 돌판을 깨고 다시 시내산에서 두 번째 돌판을 받게 됩니다. 즉 다시 언약을 세우신 것입니다. 돌판은 언약의 증표입니다.

(10) 성막의 제작과 봉헌

성막은 브살렐과 오홀리압과 마음이 지혜로운 사람 곧 여호와께서 지혜와 총명을 부으사 성소에 쓸 모든 일을 할 줄 알게 하심을 입은 자들이 성막을 만듭니다. 백성들이 드린 충분한 예물로 성막과 그 기명들을 만들기에 충분했습니다. 브살렐을 중심으로 성막과 기명들을 만들고 제 이년 정월 초 일일에 성막을 세우고 모든 기명들을 제자리에 놓고 봉헌을 하였습니다. 이때 아론과 그 아들들이 제사장의 임무를 담당하였습니다. 이때 구름이 성막에 덮이고 여호와의 영광이 충만하였습니다. 이

때부터 이스라엘 백성들은 구름을 성막에서 뜰 때 발행하였고, 떠오르지 아니한 때에는 발행하지 않았습니다.

2) 율법과 죄사함의 방법

(1) 율법

출애굽을 한 히브리인은 가나안 땅에 들어가기 전 모세의 인도로 광야에서 40년간의 광야생활을 합니다. 이 광야생활 중 히브리인은 시내산에서 모세의 율법을 받게 됩니다. 이 율법은 십계명과 언약의 법전으로 되어 있습니다. 이 율법을 주신 하나님은 또 다시 제사장 법전을 주십니다. 여기에는 제사의 규례, 제사장 직분, 정결 규례, 속죄일 규례 등이 있습니다. 그리고 성막을 주시고 제사를 드리라고 하십니다. 성막의 모형과 제사법을 주십니다.

이 시내산에 받은 모세의 율법은 이스라엘 민족이 이 세상에서 살아가는 생활의 법이 되어 이들은 이 법을 지키면서 살아가게 됩니다. 그런데 이 법은 근본적으로 인간이 지키기 힘든 법입니다. 하나님은 바로 인간이 지키기 힘든 법을 주셔서 인간에게 지키라고 한 것입니다. 그래서 이후에는 이스라엘 많은 사람들은 법을 지킬 수 없다고 포기하게 됩니다. 그러나 끝까지 지킨다고 한 자들이 있었는데 그들이 바로 바리새인들입니다.

그렇습니다. 율법을 인간이 지키기에 불가능한 법입니다. 그것을 주신 하나님의 목적은 바로 죄를 깨닫기 위함입니다. 율법으로 죄를 깨달았을 때 필요한 것은 죄 사함입니다. 이 죄 사함에 대한 인간의 근본적인 필요성이 부각되게 하시고 그 때에 예수님이 오신 것입니다. 그래서 예수님은 이들을 죄에서 해방을 시키신 것입니다. 따라서 율법을 역할을 바로 죄인임을 깨닫게 하는 것입니다.

(2) 죄 사함의 방법

가. 모형적인 죄 사함의 방법

이스라엘 민족의 죄 사함의 방법은 다음과 같습니다. 먼저, 흠이 없는 순전한 수염소 둘과 번제물을 위하여 수양 하나를 취합니다. 그리고 숫염소 둘을 제비뽑아 하나는 여호와를 위한 것과 아사셀을 위한 것으로 나눕니다. 여호와를 위한 숫염소를 잡고 그 피를 사발에 받습니다. 대제사장은 그 피를 가지고 지성소에 들어가 속죄소 동편에 뿌리고 속죄소 앞에 7번 뿌립니다. 그렇게 하면서 하나님에게 이스라엘 민족의 죄를 사해 주실 것을 간구합니다.

그리고 대제사장은 지성소로부터 나와서 아사셀을 위해 제비 뽑혔던 염소에게 안수하므로 이스라엘 민족의 모든 죄를 그 염소에게 대신하여 씌웁니다. 그리고 그 염소를 광야에 끌고가서 광야에 버리고 돌아옵니다. 이렇게 함으로써 이스라엘 민족의 1년간의 모든 죄는 없어진 것이 되는 것입니다. 이것을 매년 1년에 1차씩 시행하게 됩니다.

이렇게 죄를 사하는 방법은 하나의 모형입니다. 이 모형은 바로 예수님이 오심으로써 실상으로 되는 것입니다. 예수님이 어린 양의 역할을 담당하시게 됩니다. 세상 죄를 지고 가는 어린 아사셀 양과 같은 역할을 하셨고, 피를 흘림으로써 여호와를 위한 양의 역할을 하신 것입니다.

율법을 통해 스스로 죄인임을 깨닫게 되면 인제 인간에게 필요한 것은 그 죄를 해결해 줄 수 있는 방법입니다. 그 죄를 해결할 수 있는 방법으로 하나님이 한시적으로 주신 것이 바로 제사법입니다. 그 제사법의 내용 중 가장 핵심적인 것이 이스라엘 민족 공동체의 죄를 사하는 방법인데 레위기 16장에 상세히 소개되어 있습니다.

두 마리의 어린양이 속죄물이 되는 것인데, 그 중 한 마리 양의 "피"를 속죄소에 뿌리고, 다른 한 마리의 양의 머리에 안수하여 이스라엘 민족의 모든 죄를 그 양에게 담당시켜서 광야에 내어 버림으로써 전 이스라엘 민족의 죄를 없앤다는 것입니다. 그런데 이 구약시대의 죄를 사하기 위한 제사는 하나의 모형과 그림자이며, 참 것이 올 때까지 한시적으로 시행하는 것이었습니다. 그러면 그 참 것은 무엇입니까? 바로 어린양이신 예수님이십니다. 바로 그 참 어린양의 피가 이스라엘과 모든 인류의 죄를 사하는 것입니다.

나. 실제적인 죄 사함의 방법

율법을 통해 자신이 죄인이라는 사실을 깨달은 사람이 인제 그 죄를 참으로 없애기 위한 고민에 빠지게 되면 "예수님 피"의 필요성을 절실히 깨닫게 될 것이다. 인간은 율법을 어긴 죄를 없애기 위해 이 "예수님 피"를 필요로 했는데 결국은 이 "예수님 피"는 인간이 인식하지 못한 영적인 죄까지도 해결해 버린다는 것이 성경에서 말하는 죄 사함의 방법이다. 즉 사람들이 "예수님 피"의 효력을 인정하면 율법을 범한 죄뿐 아니라 영적인 죄 즉 원죄까지 사함을 받는다는 것이다. 이것이 바로 기독교의 핵심사상이다.

그러면 왜 "예수님 피"가 죄를 사하는 효력을 발생할 수 있을까? 이도 아주 의미있는 질문이 될 수 있을 것이다. 예수님의 피가 무엇이길래 인간의 죄를 없앨 수 있는가? 이것을 이해하기 위해서는 먼저 죄 사함의 방법에 대해서 한 번 생각해 보아야 할 것이다. 일반적으로 국가가 죄인들의 죄를 사하는 방법과 다른 종교가 죄를 사하는 방법을 생각해 보는 것도 좋을 것이다.

먼저 국가가 죄를 사하는 방법은 법원에서 형량을 받은 대로 집행하는 것이다. 즉 징역형 5년을 받았으면 5년을 교도소에 있다가 출감하면 그 죄에 대하여 사하여진 것으로 쳐 준다는 것이다. 다음으로 다른 종교인 불교의 죄사하는 방법을 한

번 생각해 보자. 불교에서의 죄사하는 방법은 이 세상에서 덕을 많이 쌓는 것이다. 이 세상에서 덕을 쌓음으로써 지었던 죄를 상쇄시키라는 것이다.

그런데 성경에서의 죄를 사하는 방법은 죄를 지었으면 생명을 내 놓으라는 것이다. 그 어떤 죄를 지었든 간에 그 죄를 없이할 수 있는 방법은 생명을 주는 것이다. 그런데 그 생명도 참 생명이라는 것이다. 이 세상에서 참 생명을 가진 자가 있을까? 우리 인간이 가지고 있는 생명은 참 생명이라고 할 수 있을까? 우리 인간의 생명은 70년 강건하면 80년 정도 유지되는 생명이다. 이런 생명을 참 생명이라고 할 수 있을까? 그렇다면 우리가 가지고 있는 생명은 어떤 생명일까? 그것은 참 생명이 아닌 순간적으로 존재하는 목숨에 불과한 것이다. 그러면 참 생명은 어떤 것인가? 그것은 죽지 아니하고 영원히 존재하는 것이다. 그 생명을 가진 자는 누구인가? 성경은 그가 바로 예수님이라고 말하고 있다.

예수님은 참 생명을 가지고 계셨기 때문에 부활하실 수 있었다. 만약 예수님이 우리와 같이 목숨만 가지고 계셨다면 부활하실 수 없었을 것이다. 예수님은 이 세상의 어떤 인류도 가지지 못했던 참 생명을 가지고 계셨던 것이다. 그래서 죄를 없애기 위해서는 예수님의 생명이 필요하다는 것이다. 그런데 예수님의 그 참 생명은 어디에 있었는가? 바로 "피"에 있었던 것이다. 그래서 "예수님의 피"가 그렇게 중요했던 것이다. 레위기

17장 11절에 쓰여진 "육체의 생명은 피에 있음이라 내가 이 피를 너희에게 주어 단에 뿌려 너희의 생명을 위하여 속하게 하였나니 생명이 피에 있으므로 피가 죄를 속하느니라"는 말씀이 이를 잘 알려주고 있다.

3) 인구조사와 가데스바네아

(1) 인구조사

이스라엘 백성들은 가나안에 들어가기 전 인구조사를 하여 싸움에 나갈 만한 자들을 지파별로 계수합니다. 여기서 레위지파는 빠집니다. 총 603,550명이 계수됩니다. 그리고 레위자손의 인구조사가 실시됩니다. 레위의 자손들은 게르손, 고핫, 므라리 족속으로 나뉩니다. 이들은 모두 회막에서 봉사하는 일을 담당하게 됩니다.

(2) 나실인의 법을 주심

하나님은 백성들에게 남자나 여자가 특별한 서원 곧 나실인의 서원을 하고 자기 몸을 구별하여 여호와께 드리거든 포도주, 독주를 멀리하고 자기 몸을 구별하는 날 동안 포도나무씨나 껍질이라도 먹지 말고, 서원하고 구별하는 모든 날 동안에는 삭도를 그 머리에 대지 말고, 자기 몸을 구별하여 여호와께 드리는 날이 차기까지 그는 거룩한즉 머리털을 길게 자라게 할 것이며 시체를 가까이 하지 말라고 하였습니다.

(3) 가데스바네아

구름기둥은 하세롯, 엘랏, 바란 광야를 왼쪽에 두고 북쪽으로 올라갔습니다. 그 기둥은 북쪽 끝의 오아시스인 그 유명한 가데스바네아(출애굽후 18개월)입니다. 가나안 땅의 경계지점인 이곳은 바로 가나안에 들어갈 수 있는 장소에 위치한 곳이었습니다. 이곳에서 정탐꾼을 보내게 됩니다. 하나님은 바로 올라가라고 하였으나 정탐을 보내자고 하여 이를 허락하여 각 지파별로 정탐꾼을 파견합니다. 그 정탐꾼에 여호수아와 갈렙도 있었습니다. 정탐꾼의 보고를 들은 백성들은 원망하는 일이 생깁니다. 이로 인해 이스라엘 백성들은 결국 37년 6개월을 그곳에서 허송세월을 하면서 보냅니다. 하나님은 한 세대가 가기까지 기다리신 것입니다.

(4) 2차 인구조사

출애굽 1세대가 죽은 즈음 다시 인구조사를 합니다. 이는 2세대로 만들어진 새로운 군대를 조직하기 위함입니다.

3. 여호수아 장군의 가나안 정복

모세가 죽은 후 이스라엘민족을 가나안 땅으로 이끌었던 지도자인 여호수아는 하나님이 이스라엘자손에게 주신다고 약속하신 가나안 땅을 정복합니다. 당시 가나안 땅에는 가나안, 헷, 히위, 브리스, 기르가스, 아모리, 여부스 족속 등 7종족이 살고 있었습니다. 이들 가나안 7족속들은 여호수아 장군의 기세에 모두 압도되어 이스라엘 민족에게 정복당하게 됩니다. 이스라엘 민족은 가나안의 상당부분을 정복하였지만 남은 부분도 어느 정도 있었습니다.

정복하지 못한 지역으로는 블레셋 사람의 땅, 그술, 애굽 앞 시홀에서 에그론, 가사, 아스돗, 아스글론, 가드, 아위, 시돈사람의 땅, 아모리, 그발 사람의 땅이었습니다.

이스라엘이 정복한 가나안의 땅은 이스라엘의 각 지파별로 분배되게 됩니다. 땅을 분배받은 지파는 므낫세, 르우벤, 갓, 유다, 에브라임, 베냐민, 시므온, 스불론, 잇사갈, 아셀, 납달리, 단 자손이었으며 레위자손은 기업이 없고 제사 업무를 관장하였습니다.

1) 여호수아

여호수아의 가나안 정복은 영적인 관점에서 큰 의미를 가지고 있습니다. 그것은 무엇일까요? 하나님은 왜 여호수아를 가나안을 정복할 정복자로 세웠을까요? 여호수아는 무엇을 가지고 있었을까요? 여호수아와 우리 크리스천들을 비교해 보시기 바랍니다. 우리들은 어떤 사람들이며 하나님은 왜 우리들을 세우셨을까요? 세워진 우리들은 무엇을 해야 하는 것일까요?

하나님은 이제 곧 시작될 전쟁에서 가질 여호수아의 마음가짐에 대하여 말씀하고 있습니다. 그것은 마음을 강하고 담대히 하고, 율법을 지켜 행하고, 좌우로 치우치지 말라는 것이었습니다. 이는 전쟁시 무엇이 중요하다는 것일까요? 여기서 좌우로 치우치지 말라는 말씀의 의미는 무엇일까요? 이러한 마음가짐이 왜 전쟁을 승리로 이끌게 할까요? 오늘날 우리들은 그리스도의 군사들입니다. 오늘날은 어떻게 전쟁할 때 승리할까요?

여호수아는 모세와 같이 있으면서 전쟁하는 방법을 모두 익혔습니다. 아말렉과의 전투에서도 선봉에 서서 전쟁을 한 사람이었습니다. 즉 그는 전쟁의 기술을 익힌 사람이었습니다. 우리들이 여호수아 같은 지도자가 되기 위해서는 먼저 전쟁의 기술을 익혀야 합니다. 그러면 전쟁의 기술을 익히는 것은 무엇이며, 전쟁을 승리로 이끄는 방법은 무엇일까요?

2) 길갈과 여리고성의 점령

이스라엘 백성들은 요단강을 건너 길갈에 진을 치고 노중에서 태어난 사람들에 대한 할례를 행합니다. 그리고 여리고 평지에서 유월절을 지켰으며 유월절 이튿날에 그 땅 소산을 먹었습니다. 소산을 먹었다는 것은 농사를 지었다는 것입니다. 그런데 성경에서는 종자씨는 어디서 났으며, 땅은 어디서 어떻게 경작하였으며, 어떤 종류의 농산물을 재배하였는지에 대한 내용은 성경에 나타나지 않습니다. 왜 그럴까요?

하나님은 이스라엘 백성들에게 언약궤를 앞세우고 엿새 동안 매일 한번씩 여리고성 주위를 한번 돌며 일곱째 날에는 일곱 번 돌고 제사장이 나팔을 길게 불 때 모든 백성들이 외치면 성이 무너질 것이라고 하였습니다. 이스라엘 백성들이 엿새 동안 똑같은 일을 반복하는 데서 우리들은 이스라엘 백성들의 어떤 면을 볼 수 있을까요? 언약궤를 앞세운다는 것의 의미는 무엇일까요?

여리고성은 제사장들의 마지막 긴 나팔소리와 이스라엘 백성들의 외침으로 무너졌습니다. 여리고성은 요단강을 건넌 이스라엘 백성들의 첫 번째 전쟁이었습니다. 이 첫 번째 전쟁에서 이스라엘의 대적 여리고성은 쉽게 무너졌습니다. 여리고성은 누구에 의해 무너졌을까요? 여리고성이 무너진 이유는 무엇일까요? 이 사건이 오늘날 우리들의 영적 전투에 가져다주는 교훈은 무엇일까요?

하나님은 여리고성과 그 가운데 있는 물건은 기생 라합과 그곳에 동거하는 자들을 제외하고 여호와께 모두 바치라고 말씀하고 있습니다. 그것을 바친 후에 그 중 어느 것을 취하면 이스라엘 진으로 바침이 된다고 경고하고 있습니다. 여기서 하나님의 진으로 바침이 된다는 것의 의미는 무엇일까요? 여리고성과 그 가운데 있는 물건을 모두 하나님께 바치라는 것은 여리고성의 소유권은 하나님께 있다는 것을 의미합니다. 이는 오늘날 우리들의 영적전투에 어떤 깨달음을 가져다줄까요?

3) 기브온 거민과의 화친

기브온 거민들은 이스라엘 백성들을 속이기 위하여 이스라엘의 명성과 애굽에서 행한 소식을 듣고 먼데서 이스라엘의 종이 되기 위해 왔다고 하였습니다. 기브온 거민들이 이스라엘 백성들을 속이기 위해 멀리서 이스라엘의 하나님이 애굽에서 행한 일과 헤스본 왕, 바산 왕에게 행한 일을 들었다고 합니다. 그래서 당신의 종이 되기 위해 이렇게 멀리서 왔다고 이야기합니다. 이스라엘 백성은 무엇을 보고 기브온 거민들의 말을 믿었을까요? 이것은 오늘날의 크리스천들에게 어떤 교훈을 가져다 줄까요?

이스라엘 족장들은 기브온 거민들의 말을 믿고 화친을 하여 그들을 살리라는 언약을 맺고 맹세까지 하였습니다. 이러한 과정에서 이스라엘 족장들의 최대 실수는 무엇일까요? 그들이 실수한 이유는 무엇일까요? 이 실수로 인해 그들이 당하는 고통은 무엇일까요? 이러한 사건은 오늘날 우리들에게는 어떤 가르침을 줄까요?

기브온 백성들은 이스라엘 백성들을 속이기 위해 그 백성들이 중요하게 생각하는 언약을 이용하였습니다. 우리는 여기서 이스라엘 백성들은 하나님과의 언약 뿐만 아니라 다른 백성들과의 언약도 중요하게 생각한다는 것을 알 수 있습니다. 왜 그럴까요? 이는 오늘날의 크리스천들에게는 어떻게 적용될까요?

4) 아모리 다섯 왕과의 전투와 여호수아의 전쟁

예루살렘왕 아도니세덱은 이스라엘이 여리고와 아이에서 행한 것과 기브온 거민이 이스라엘과 화친하였다는 소식을 듣고 헤브론, 야르뭇, 라기스, 에글론 왕과 연합하여 기브온을 칩니다. 이들 왕의 심정은 어떠하였을까요? 그들은 왜 그러한 심정을 가지게 되었을까요? 이들과 이스라엘 백성들과의 차이는 무엇일까요? 오늘날 이 말씀은 우리들에게 어떻게 적용될까요?

아모리 왕들과의 전투에서 태양이 멈추고 달이 그치는 역사가 일어납니다. 이스라엘 백성들이 요단을 건넌 후 3번째 전투에서 아무도 상상치 못한 일이 일어난 것입니다. 이 일이 일어난 직접적인 계기는 무엇일까요? 왜 이런 일이 일어났을까요? 이 일은 오늘날 우리들의 영적 전쟁에서 어떤 교훈을 가져다 줄까요?

그리고 여호수아는 막게다, 립나, 라기스, 게셀백성, 에글론, 헤브론, 드빌, 가데스 바네아에서 가사까지 취하였습니다. 여호수아의 전쟁은 하나님이 하시는 전쟁이었습니다. 그래서 가는 곳마다 승리하였습니다. 이는 오늘날 우리들의 영적전쟁에서 어떤 가르침을 가져다줄까요? 여호수아가 끝까지 승리할 수 있었던 이유는 무엇이었을까요? 여호수아라는 사람의 특성은 무엇일까요?

5) 메롬 물가의 전투

이스라엘이 남쪽의 모든 지역을 점령했다는 소식을 들은 하솔왕 야빈은 북쪽 가나안 땅에 거주하는 모든 나라에게 총 동원령을 내렸습니다. 그래서 북쪽의 모든 나라는 연합전선을 형성하여 메롬 물가에 진을 쳤습니다. 가히 그 형상은 거대함 그 자체였습니다. 말과 병거, 모래와 같은 수다한 군인들 대단한 위용을 자랑하였습니다. 이 거대한 위용을 가진 연합군과 이스라엘 군의 차이는 무엇이었을까요? 연합군이 의지하는 것은 무엇이었으며 이스라엘 군이 의지하는 것은 무엇이었을까요?

여호와는 여호수아에게 또 그들을 인하여 두려워 말라고 말씀하십니다. 하나님이 여호수아에게 수없이 많이 반복하신 말씀입니다. 하나님은 왜 여호수아에게 두려워말라는 말씀을 반복하실까요? 오늘날 우리들은 어떨까요? 오늘날의 우리들에게는 어떤 말씀을 하실까요?

우리는 본문에서 하나님은 해변의 수다한 모래와 같은 수없이 많은 사람들을 모두 진멸하시는 것을 볼 수 있습니다. 우리는 여기서 하나님은 모든 사람의 하나님이 아니라 이스라엘 백성의 하나님이시라는 것을 잘 알 수 있습니다. 그래서 우리는 아브라함의 하나님, 이삭의 하나님, 야곱의 하나님이라고 말합니다. 하나님은 왜 모든 사람들의 하나님이 아니라 이스라엘 사람들의 하나님일까요? 하나님은 하나님과 관계없는 사람들을 어떻게 보실까요?

6) 땅 분배와 유다지파의 기업(땅분배 지도 삽입)

가나안을 정복한 후 여호수아는 실로로 본부를 옮긴 후 제사장 엘르아살과 함께 12지파별로 땅을 분배합니다. 여호수아가 늙어 미리 땅을 분배한 다음 각 지파에게 남은 가나안 땅을 점령하게 합니다.

유다지파가 기업으로 얻은 땅은 모두 정복된 것은 아니였습니다. 가나안 땅은 완전히 정복된 후 분배된 것이 아니라 가나안 족속들이 그곳에 살고 있는 상태에서 분배된 것입니다. 유다지파에게 맡겨진 임무는 무엇일까요? 그들은 어떻게 그 임무를 달성할 수 있을까요? 이것은 오늘날 영적인 관점에서 영적인 유대인들의 임무와 어떤 관련이 있을까요?

갈렙은 헤브론성의 아낙자손을 쫓아내었습니다. 아낙자손을 쫓아내었다는 것의 의미는 무엇일까요? 그리고 드빌 득 기럇세벨을 옷니엘을 통해 정복하였습니다. 여기서 새로운 한 인물 옷니엘이 등장합니다. 옷니엘은 갈렙의 사위이며, 조카였습니다. 그는 어떤 사람일까요?

7) 가나안 땅의 도피성

하나님은 가나안 땅에 6개의 도피성을 만드시는 것을 볼 수 있습니다. 이 도피성은 누구를 위해 만드신 것일까요? 하나님이 도피성을 만드신 이유는 무엇일까요? 이 도피성을 만드신 이유는 오늘날 우리들에게는 어떤 교훈을 가져다 줄까요?

하나님은 도피성을 건설하실 때 그 도피성을 중심으로 모든 성읍에 도로를 닦으라고 하셨습니다. 이는 모든 성읍을 도피성과 도로로 연결시키라는 것입니다. 이와 같이 명하신 하나님의 뜻은 무엇일까요? 신약시대의 도피성은 어디에 있을까요? 이는 오늘날의 우리들에게는 어떻게 적용될까요?

율법에서는 철 연장이나, 돌, 나무 연장으로 사람을 죽인 자, 밉거나 원한으로 밀치거나 손으로 죽인 자는 죽이라고 말씀하고 있습니다. 그런데 살인자들 중 부지중에 살인한 자들은 도피성에 들어감으로써 생명을 보전할 수 있도록 하는 길을 열어 놓았습니다. 부지중에 살인했다는 것은 구체적으로 어떤 것일까요? 부지중에 살인한 자가 도피성으로 들어가면 어떻게 될까요? 들어갔다가 그 도피성 지경 밖으로 나가면 어떻게 될까요? 그 이웃을 미워하거나 원한으로 살인한 후 도피성으로 도망하면 어떻게 될까요?

구약시대의 도피성은 부지중에 지은 죽을 죄를 피하기 위한 피난처였습니다. 부지중에 지은 죄는 불가항력적인 죄입니다. 오늘날 신약시대의 부지중에 지은 죽을 죄는 어떤 것일까요? 그 부지중의 죄를 없애기 위해서는 신약시대에도 도피성으로 도망가야 합니다. 그 신약시대의 도피성은 어디일까요? 그곳에 들어갔다가 나오면 어떻게 될까요?

〈이스라엘 각 지파의 지도〉

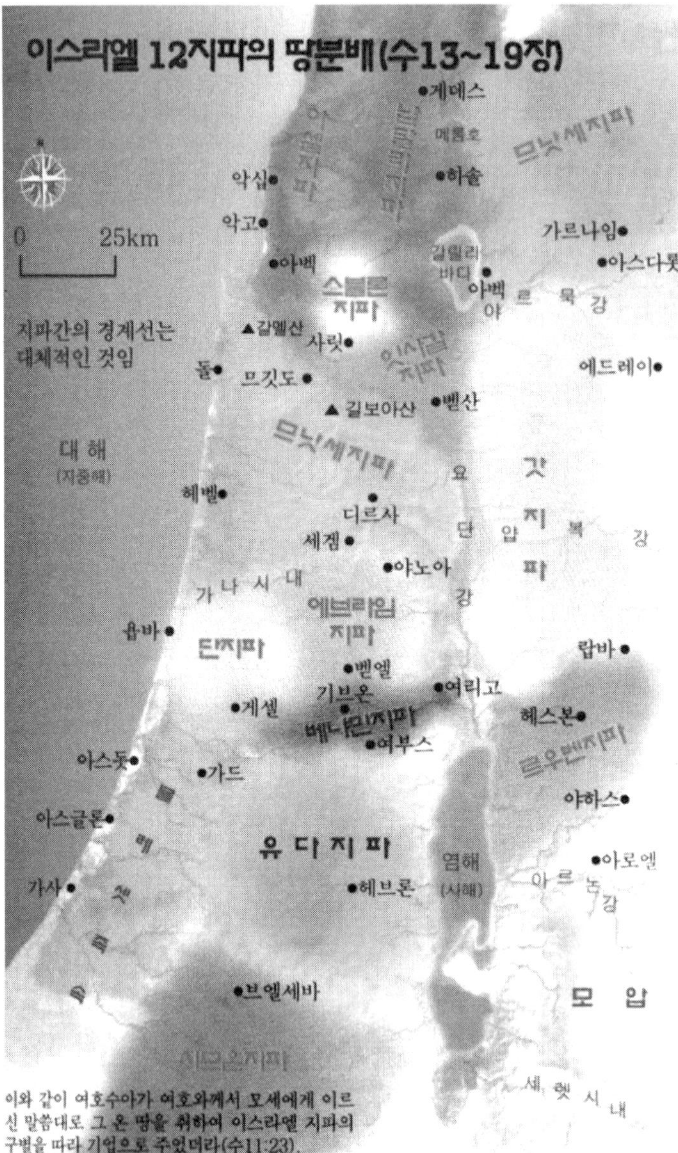

자료 : www.s-mok.com.

4. 사사시대

가나안을 정복하여 지파별로 땅을 분배하는 임무를 마친 여호수아는 120세의 나이로 죽게 됩니다. 여호수아 이후 이스라엘 백성은 사사들에 의하여 당분간 통치됩니다. 여호수아가 죽은 후 이스라엘 민족은 하나님을 버리고 바알과 아스다롯을 섬깁니다. 그러자 하나님은 이스라엘을 구산 리사다임에게 붙여서 8년 동안 종이 되게 하십니다.

1) 옷니엘

구산 리사다임의 종이 된 이스라엘은 하나님께 이스라엘을 구해달라고 간청하자 구원자 옷니엘을 세워서 민족을 구원하십니다. 그가 바로 이스라엘의 첫번째 사사입니다. 옷니엘은 구산 리사다임을 이기고 40년간 태평한 시대를 지낸 후 죽습니다.

2) 에훗

옷니엘이 죽자 이스라엘이 또 악을 행하여 모압왕 에글론을 18년 섬기게 됩니다. 하나님은 또 사사 에훗을 보내어 에글론을 암살하고 요단강 나루에서 모압 용사 1만 명을 죽임으로써 이스라엘을 구원하십니다. 그 이스라엘은 18년간 태평한 세월을 보냅니다.

3) 삼갈

에훗 후 아낫의 아들 삼갈이 사사로 있어 소모는 막대기로 블레셋 사람 600명을 죽였고 그도 이스라엘을 구원하였습니다.

4) 드보라(여 선지자)

에훗이 죽은 후 이스라엘백성이 악을 행하자 가나안 왕 야빈의 종이 되어 20년간 섬깁니다. 그러자 하나님은 여선지자 드보라를 사사로 세워 이스라엘 백성을 구원하게 합니다. 드보라는 아비노암의 아들 바락에게 납달리와 스블론 자손 1만명을 거느리고 다볼산으로 가서 야빈의 군대장관 시스라를 치라고 합니다. 이에 시스라를 쳤고, 시스라는 도망 중 헤벨의 아내 야엘에게 죽임을 당합니다. 그 후 야빈은 이스라엘 백성에게 계속 패하여 멸망되었습니다.

5) 기드온

이스라엘 백성은 또다시 하나님 앞에서 악을 행합니다. 그러자 미디안의 종이 되어 7년간 섬깁니다. 이에 하나님은 기드온을 세워 삼백명의 군사로 미디안을 이기게 합니다.

6) 아비멜렉

아비멜렉이 잠시 동안 유다의 사사가 됩니다. 형제들을 죽이고 권세를 잡은 기드온의 아들 아비멜렉은 잠깐 동안 이스라엘을 통치합니다.

"〈기드온 집안의 슬픈 이야기〉

기드온은 많은 아내에게서 71인의 아들을 얻습니다. 그 세겜 지역에서 얻은 아내도 아비멜렉이라는 아들을 낳습니다. 이 아비멜렉은 자신이 왕이 되기 위하여 세겜 사람들이 준 은 70개로 경박한 류의 사람들을 사서 자신의 형제 69명을 모두 몰살시키고 이스라엘의 왕이 됩니다. 이 때 막내 아들 요담이 살아남아서 세겜의 사람들에게 그리심산에서 그 유명한 나무들이 왕이 될 나무를 찾는 이야기를 합니다.

나무들이 무화과나무에게 왕이 되어 달라고 합니다. 그러자 무화과나무는 거절합니다. 그러자 포도나무에게 왕이 되어 달라고 합니다. 포도나무도 자신이 역할이 따로 있기 때문에 역시 거절합니다. 그러자 가시나무에게 왕이 되어 달라고 합니다. 그러자 가시나무가 왕이 되겠다고 하는 내용입니다. 이와 같은 비유로 그 가시나무가 바로 아비멜렉이라고 세겜 사람들에게 알려줍니다."

7) 돌라

그 후 잇사갈 족속 도도의 손자이며 부아의 아들 돌라가 23년 동안 이스라엘을 통치합니다.

8) 야일

야일이 22년간 통치합니다.

9) 입다

입다가 이스라엘의 사사가 됩니다. 입다는 암몬과의 전쟁에서 서원한 것으로 인해 자신의 딸 무남독녀를 제물로 바치는 일을 행합니다.

10) 입산

베들레헴 사람 입산이 사사가 되었고 아들 30명과 딸 30명을 두었습니다.

11) 압돈

사사가 된지 8년 만에 죽게 되었습니다.

12) 삼손

단 지파의 가족 중 마노아라 이름하는 자가 있었습니다. 잉태하지 못하더니 여호와의 사자가 그 여인에게 나타나 네가 본래 잉태하지 못하였는데 잉태하여 아들을 낳을 것이니 너는 포도주, 독주를 마시지 말고 부정한 것을 먹지 말고, 삭도를 대지 말라고 하였습니다. 그래서 삼손은 나실인으로 태어납니다. 삼손과 들릴라의 이야기는 유명합니다.

삼손의 이야기에서 삼손이 머리에 삭도를 대지 않았을 때 삼손의 힘은 사자를 염소새끼 찢듯이 찢을 수 있었고, 나귀의 턱 뼈로 혼자서 블레셋 군대 1,000명을 죽이는 능력이 그에게서 나왔습니다. 그런데 그가 머리에 삭도를 대었을 때 그러한 힘은 완전히 없어졌습니다. 왜, 그랬을까요? 그의 힘은 머리카락에서 나왔을까요? 그의 힘은 어디서 나왔을까요?

13) 엘리

엘리는 실로의 제사장입니다. 홉니와 비느하스라는 아들이 있지만 그들은 여호와 하나님을 경외하지 않는 자들이었습니다. 에브라임 산지 엘가나라는 사람의 아내 한나가 아이를 낳지 못하자 실로에 와서 제사장 엘리 앞에서 서원한 후 아이를 낳게 됩니다. 그가 바로 사무엘입니다. 서원의 내용은 아들을 주시면 젖을 뗀 후 그를 하나님께 바친다는 것이었습니다. 젖을 뗀 후 그를 제사장인 엘리에게 데려가 그에게서 길리우게 됩니다.

14) 사무엘

한나의 서원으로 태어난 사무엘은 엘리 제사장 밑에서 자라나게 됩니다. 어린 시절 하나님으로부터 부름을 받아 이스라엘에서 초대왕인 사울과 다윗에게 기름을 부음으로써 사사시대와 왕정시대를 이어주는 역할을 감당해 내게 됩니다.

15) 에브라임 산지의 미가 이야기

미가라는 사람이 그 어미의 은 일천 일백량을 훔친 후 그것을 도로 가져다 주자 그 어미는 아들을 위하여 그것으로 신상을 만들었습니다. 그런데 마침 유다지파 베들레헴에 살고 있었던 한 레위 청년이 미가의 집에 들리자 그를 제사장으로 삼아 자기 집에 있게 합니다.

한편, 단 지파는 땅 분배를 받지 못하다가 블레셋 지경 북쪽의 땅을 분배 받았지만 온전히 차지하지는 못했습니다. 단

지파는 새로운 땅으로 이주하기 위해 정탐을 하다가 라이스라는 장소를 찾아 그곳으로 이사합니다. 그들이 이주할 즈음에 미가의 집에 있었던 레위인과 신상을 가로챕니다. 그들이 정착할 땅에 제사장을 시키기 위한 것이었습니다.

16) 레위인 첩에 관한 이야기

한 레위인이 유대 베들레헴에서 첩을 취하여서 데리고 왔습니다. 그 첩은 행음하고 남편을 떠났습니다. 그러나 그 남편은 그 첩을 찾아 데려가던 중 그 첩은 베냐민 사람들에 의해 윤간을 당해 죽습니다. 그러자 레위인은 여인을 토막을 내어 각 지파에 보내서 베냐민의 행위를 징벌하라고 합니다. 그래서 베냐민지파가 이스라엘 전체와 전쟁을 하게 됩니다. 이로 인해 베냐민 지파는 거의 몰살을 당하고 600명만 살아남는 것을 볼 수 있습니다.

5. 룻기 및 사무엘상·하

1) 룻기

룻기는 다윗왕의 뿌리를 알려주기 위한 책입니다. 베들레헴 지역 에브랏에 엘리멜렉이라는 사람이 살았는데(사사 기드온의 시대로 추정할 수 있음) 그 지역에 흉년이 들어 그 아내 나오미, 아들 말론과 기룐을 데리고 모압지역에 들어갔습니다. 그는 모압 여인인 오르바와 룻을 며느리로 맞이하였습니다. 그런데 그와 두 아들이 죽고 아내 나오미와 두 며느리만 남게 되었습니다.

나오미는 하나님이 자기 백성에게 양식을 주셨다는 소식을 듣고 고향으로 돌아가기로 결심합니다. 그래서 두 자부는 그곳에 두고 떠나려 하자 룻은 다음과 같이 말합니다.

"나로 어머니를 떠나며 어머니를 따르지 말고 돌아가라 강권하지 마옵소서 어머니께서 가시는 곳에 나도 가고 어머니께서 유숙하시는 곳에서 나도 유숙하겠나이다 어머니의 백성이 나의 백성이 되고 어머니의 하나님이 나의 하나님이 되시리니 어머니께서 죽으시는 곳에서 나도 죽어 거기 장사될 것이라 만일 내가 죽는 일 외에 어머니와 떠나면 여호와께서 내게 벌을 내리시고 더 내리시기를 원하나이다"

우리는 이를 통해 룻의 부모에 대한 생각과 하나님에 대한 신앙을 볼 수 있습니다. 그래서 그들은 베들레헴으로 돌아옵니다. 그들이 돌아올 때 베들레헴이 떠들썩했다고 기록하고 있습니다. 나오미는 베들레헴에서 나갈 때 자기 남편의 기업(땅으로 추측됨)이 있었습니다. 그런데 그 남편과 아들들이 모두 죽었기 때문에 그 기업을 이어갈 사람이 없었습니다. 그래서 그들이 베들레헴에 돌아왔을 때 그 기업을 이어갈 사람을 찾았습니다.

나오미와 룻은 베들레헴에서 이삭을 줍는 삶을 삽니다. 하루는 룻이 보아스(라합이 그의 어머니임)의 땅에서 이삭을 줍고 있었습니다. 그러자 보아스는 룻을 선대하였습니다. 보아스는 룻의 부모에 대한 마음과 하나님의 대한 마음을 전해 들었기 때문입니다. 보아스는 나오미의 친척이었습니다. 그래서 엘리멜렉의 기업을 이을 수 있는 사람이었습니다. 그래서 나오미는 룻에게 보아스가 잠잘 때 그 방에 들어가 그 발치 이불을 들고 그의 발끝에 누우라고 말해줍니다. 룻이 순종하였습니다. 그래서 보아스와 룻은 결혼을 하게 되었고, 그들은 오벳을 낳게 됩니다. 오벳은 이새를 낳고, 이새는 다윗을 낳게 됩니다.

2) 사무엘상 · 하

(1) 한나의 이야기

에브라임 사람 엘가나가 있었는데 그의 아내의 이름은 한나와 브닌나였습니다. 한나는 무자하였고 브린나는 자식이 있었습니다. 그래서 서원을 하고서 한나는 아들 사무엘을 낳게 되었습니다. 서원은 사무엘을 하나님께 바친다는 것이었습니다. 그래서 사무엘은 젓을 뗀 직후 엘리 제사장의 집에 들어가서 생활하게 됩니다. 한나의 기도는 감동적인 내용을 가지고 있습니다. 다음은 한나의 기도 내용입니다.

"한나가 기도하여 가로되 내 마음이 여호와를 인하여 즐거워하며 내 뿔이 여호와를 인하여 높아졌으며 내 입이 내 원수들을 향하여 크게 열렸으니 이는 내가 주의 구원을 인하여 기뻐함이니이다 여호와와 같이 거룩하신 이가 없으시니 이는 주 밖에 다른 이가 없고 우리 하나님 같은 반석도 없으심이니이다 심히 교만한 말을 다시 하지 말 것이며 오만한 말을 너희 입에서 내지 말찌어다 여호와는 지식의 하나님이시라 행동을 달아 보시느니라

용사의 활은 꺾이고 넘어진 자는 힘으로 띠를 띠도다 유족하던 자들은 양식을 위하여 품을 팔고 주리던 자들은 다시 주

리지 않도다 전에 잉태치 못하던 자는 일곱을 낳았고 많은 자녀를 둔 자는 쇠약하도다 여호와는 죽이기도 하시고 살리기도 하시며 음부에 내리게도 하시고 올리기도 하시는도다 여호와는 가난하게도 하시고 부하게도 하시며 낮추기도 하시고 높이기도 하시는도다 가난한 자를 진토에서 일으키시며 빈핍한 자를 거름더미에서 드사 귀족들과 함께 앉게 하시며 영광의 위를 차지하게 하시는도다 땅의 기둥들은 여호와의 것이라 여호와께서 세계를 그 위에 세우셨도다 그가 그 거룩한 자들의 발을 지키실 것이요 악인으로 흑암 중에서 잠잠케 하시리니 힘으로는 이길 사람이 없음이로다 여호와를 대적하는 자는 산산이 깨어질 것이라 하늘 우뢰로 그들을 치시리로다 여호와께서 땅 끝까지 심판을 베푸시고 자기 왕에게 힘을 주시며 자기의 기름 부음을 받은 자의 뿔을 높이시리로다 하니라"

(2) 사무엘

사무엘은 젖을 떼자마자 엘리 제사장의 집에서 길리워집니다. 그는 어린 시절 하나님으로부터 부름을 받습니다. 사무엘이 엘리 제사장의 집에 있을 때 하나님이 그를 세 번째 부를 때 비로소 하나님의 음성을 들으면서 선지자의 일을 시작하게 됩니다. 사무엘이 자라매 하나님이 함께 계셔서 그 말이 하나도 땅에 떨어지지 않게 하셨습니다.

(3) 블레셋에 빼앗겼다가 돌아온 언약궤

이스라엘과 블레셋이 전쟁을 하게 됩니다. 블레셋과 이스라엘 전쟁에서 엘리의 아들인 홉니와 비느하스가 죽고 언약궤를 빼앗깁니다. 이 소식을 들은 엘리 제사장은 죽게 됩니다. 그리고 블레셋은 빼앗은 언약궤를 아스돗 다곤의 신상에 가져다 놓았습니다. 그러자 그 다음 날 다곤의 신상이 궤 앞에 엎드러져 얼굴과 머리와 두 손목이 끊어져 있는 것을 발견했습니다. 그리고 아스돗 사람들에게 독종의 재앙이 나타났습니다. 그래서 가드로 옮기자 가드 사람에게 독종이 생겼고, 에그론으로 옮기자 그 사람들은 자신들을 죽게 한다고 하여, 결국 그 궤를 돌려보내기로 하였습니다.

언약궤가 블레셋 지경에 있은 지 일곱 달이 지난 후 벧세메스로 돌아옵니다. 언약궤는 기럇여라림 사람들이 아비나답의 집에 옮겨 놓습니다. 그곳에 20년 동안 있게 됩니다.

(4) 사무엘의 이스라엘 통치

사무엘은 온 이스라엘 백성들을 미스바로 소리하여 모이게 하고 금식하면서 여호와께 범죄하였다는 것을 고백하게 하였습니다. 전심으로 여호와께 돌아오려거든 이방신과 아스다롯을 제하고 너희 마음을 여호와께로 향하고 그만 섬기라고 하였습니다. 그래서 온 이스라엘이 미스바에 모이는 미스바 성회를 개최합니다. 사무엘은 벧엘, 길갈, 미스바로 순회하면서 이스라엘 자손을 다스렸습니다.

(5) 왕정의 시작: 사울왕

사무엘이 늙었고, 그 아들들을 이스라엘의 사사로 삼았습니다. 그들은 아버지의 행위를 따르지 않고 이를 따랐습니다. 그래서 이스라엘 백성들은 왕을 요구했습니다. 왕이 나타나면 백성들은 힘들 것이라는 하나님의 말씀을 전하였지만 그들은 왕을 요구하였습니다. 그래서 베냐민 지파의 기스의 아들 사울이 초대왕으로 등극합니다. 사울이 왕이 되었을 때 암몬의 나하스가 길르앗 야베스를 칩니다. 이에 사울이 그곳을 구원합니다. 이로써 왕으로 공인을 받게 되었습니다.

(6) 사무엘의 책망

사울이 왕이 될 때는 40세였고, 왕이 된지 2년 후 블레셋과의 전쟁에서 사무엘과의 만남이 정한 기한에 이루어지지 않고 백성들은 흩어지자 그가 직접 번제를 드렸습니다. 그러자 사무엘이 나타나 책망을 하면서 사울왕의 나라가 길지 못할 것을 예언합니다. 만약 이 일을 하지 않고 하나님의 뜻대로 순종하였더라면 그의 나라가 길었을 것이지만, 순종하지 못하여 하나님의 마음에 맞는 자를 택하여 다시 세울 것임을 예언하였습니다.

(7) 아말렉과의 전쟁과 사울의 불순종

하나님은 사무엘을 사울에게 보내어 아말렉을 치게 하였습니다. 그들은 이스라엘이 출애굽을 할 때 그 여정을 방해한 자들이었습니다. 그래서 하나님은 그 백성을 치고 모든 전리품들과 사람들을 모두 진멸하라고 명령하였습니다. 그런데 사울은 하나님의 말씀을 어기고 아말렉 왕 아각을 살려주고, 양과 소의 가장 좋은 것은 남기고 진멸할 것을 즐겨하지 않았습니다. 사울의 인간적인 생각이 나온 것입니다. 이에 사무엘이 책망하자 자신은 살찌고 좋은 양을 하나님께 예배하기 위해 남겨 두었다고 변명을 합니다. 그러자 사무엘은 순종이 제사보다 낫고, 듣는 것이 수양의 기름보다 나으니 이는 거역하는 것은 사술의 죄와 같고, 완고한 것은 사신 우상에게 절하는 죄와 같다고 하면서 왕이 여호와의 말씀을 버렸기 때문에 여호와께서도 왕을 버려 왕이 되지 못하게 하셨다고 알려주었습니다. 그리고 바로 사무엘에게 사울의 일을 슬퍼하지 말고 베들레헴으로 가서 이새의 아들 다윗에게 기름을 부으라고 명하십니다.

(8) 다윗의 등장과 골리앗

사울이 불순종하자 하나님은 다윗에게 기름을 부으셨고, 사울에게는 하나님의 부리시는 악신을 보내 괴롭게 하였습니다. 악신이 임한 것을 안 신하들은 수금을 잘 타는 사람을 불러 수종들라고 하였습니다. 그래서 당대에 수금을 잘 타는 다윗을 불러 궁에서 사울을 위해 수금을 타게 합니다. 그 즈음에 블레셋과의 전쟁에서 골리앗은 이스라엘 군을 압도해 버렸습니다. 아무도 그를 상대로 싸우려 하지 않았습니다. 그래서 다윗이 골리앗과 싸우겠다고 자원하여 그를 물매돌로 죽입니다. 이 사건은 다윗을 일약 백성의 스타로 올려놓는 사건이 됩니다.

(9) 사울이 다윗을 죽이려 함: 요나단이 도움

사울의 아들 요나단과 다윗은 서로 매우 친한 친구가 됩니다. 다윗은 사울의 사위가 됩니다. 그런데 사울은 사위가 된 다윗을 두려워하여 죽이려 합니다. 요나단이 다윗을 도와 탈출시킵니다. 도망가는 와중에 에돔 사람 도엑의 농간으로 놉의 제사장 아히멜렉이 사울에게 죽임을 당합니다. 그날 85인의 제사장들이 같이 죽임을 당합니다. 도망가다가 다윗은 그일라 지역을 블레셋으로부터 구하고 자신을 죽이려고 뒤쫓은 사울을 엔게디 황무지의 굴속에서 만납니다. 하나님이 나타나셔서 사울을 다윗에게 붙일테니 그의 마음대로 행하라고 말씀하셨습니다. 그래서 다윗이 굴속에서 사울의 옷자락을 살짝 베고 살려줍니다.

그리고 십황무지에서도 군사 3,000명을 거느리고 다윗을 다시 죽이려고 진을 치고 있을 때 다윗과 아비새는 진중에 들어가 그의 머리 맡에 있는 창과 물병만 가지고 나왔고, 기름부음 받은 자를 죽일 수 없다고 하였습니다.

(10) 다윗이 블레셋 시글락에서의 피난생활과 사무엘의 죽음

다윗과 블레셋 왕 아기스는 사이가 좋았습니다. 그래서 다윗이 도망하자 아기스는 시글락을 다윗에게 주었습니다. 블레셋이 이스라엘을 치려고 준비하는 동안 사무엘이 죽게 됩니다. 사무엘은 본성 라마에 장사되었고 사울은 그 때 모든 신접한 자와 박수를 그 땅에서 쫓아내었습니다.

블레셋과 이스라엘은 길보아 산에서 진을 쳤습니다. 사울이 블레셋 군을 보고 두려움에 쌓이게 됩니다. 사무엘도 죽었기 때문에 사울은 불안해 했습니다. 사울이 하나님께 간구했을 때 하나님은 꿈으로도, 우림과 둠밈으로도, 선지자로도 대답지 않으셨습니다. 그래서 엔돌의 신접한 여인을 만나 사무엘을 불러 올려 달라고 말합니다. 불러올려진 사무엘은 사울에게 하나님을 청종치 아니한 것과 하나님의 진노를 아말렉에게 쏟지 아니한 것 때문에 오늘날 이 일을 행하였고 왕권이 다윗에게 넘어갔다고 말하였고, 이 전투에서 사울과 그 아들들이 죽을 것을 알려주었습니다.

다윗이 블레셋 편에서 이스라엘과의 전쟁을 하게 되자 시글락을 떠나 아기스왕이 있는 곳으로 와서 전쟁에 나갈 것을 준비하고 있습니다. 그런데 그의 신하들은 다윗을 믿지 못하여 전쟁에 나가지 못하게 합니다. 그래서 다시 시글락으로 돌아옵니다. 그런데 그 때 시글락은 아말렉의 공격을 받아 불탔고, 다윗과 그를 따르는 무리의 가족들이 모두 포로로 끌려갔습니다. 다윗이 제사장 아비아달에게 에봇을 가져오라 하여 하나님께 추격하면 따라 미칠 것인지 물었습니다. 하나님은 따라 미칠 것이라고 응답하셨습니다. 그래서 추격하던 중 아말렉에서 병이 들어 쫓겨난 병사를 만나 길을 인도하라고 하여 아말렉을 치고 모두 다시 탈취하였습니다.

블레셋과 이스라엘의 전쟁에서 사울과 아들 요나단이 전사하였습니다. 길르앗 야베스의 장사들이 사울과 아들들의 시체를 찾아와 야베스 에셀나무 아래 장사하고 7일을 금식하였습니다.

(11) 유다의 왕이 된 다윗

사울과 친구 요나단이 죽은 소식을 들은 다윗은 슬픈 노래를 지어 그들의 죽음을 조문하였습니다. 그리고 다윗은 하나님께 이스라엘로 돌아갈지를 묻습니다. 그러자 하나님은 돌아가라고 하셨습니다. 다윗은 그 아내 아히노암, 아비가일을 데리고 유다로 돌아옵니다. 유다 사람들이 다윗에게 기름을 부어 유다 왕을 삼습니다.

그리고 사울이 죽자 군대장관 아브넬은 사울의 아들 이스보셋을 데리고 마하나임으로 가서 이스라엘의 왕을 삼았습니다. 그러자 유다와 이스라엘 사이에 전쟁이 나게 됩니다. 여기서 아브넬이 쫓기었고, 추격하던 아사헬이 아브넬에게 전사합니다. 그 후 아브넬이 이스보셋을 배반하고 다윗쪽으로 오지만 다윗의 허락을 받지도 않고 요압은 자신의 동생 아사헬의 원수를 갚기 위해 다윗에게 온 아브넬을 죽입니다. 다윗은 아브넬의 죽음을 슬퍼하였습니다. 그리고 이스보셋이 그의 군장 브에롯과 림몬에 의해 살해됩니다. 그래서 다윗은 헤브론에서 온 이스라엘의 왕이 됩니다.

다윗은 왕이 된 후 블레셋이 쳐들어와 전쟁을 치르게 됩니다. 르바임 골짜기에서 전쟁을 치를 때 다윗은 하나님께 묻습니다. 그러자 하나님은 정면돌파하여 치라고 하십니다. 그래서 승리합니다. 패한 블레셋이 또 다시 르바임 골짜기에 진을 쳤습니다. 그러나 다윗은 또 하나님께 묻습니다. 그러자 이번에는 직접 올라가지 말고 저희 뒤로 돌아 뽕나무 수풀에서 저희를 엄습하라고 하십니다. 그래서 승리합니다. 이로 인해 다윗은 전지파에 대한 장악력을 세우게 됩니다.

(12) 하나님의 궤를 다윗성으로 옮김과 다윗의 고민

당시 아비나답의 집에 있었던 하나님의 궤를 다윗성으로 옮겨오고자 합니다. 그런데 웃사의 일로 인해 궤를 가드 사람 오벧에돔의 집에 들여놓습니다. 그러자 오벧에돔의 집과 모든 소유에 복을 받는 것이 알려지게 되었고, 이로 인해 다윗은 궤를 멘 사람이 여섯 걸음 행할 때마다 제사를 드림으로써 자신의 하나님에 대한 사랑을 표현하였습니다.

다윗은 하나님의 궤를 둘 성전을 짓고 싶어서 고민하였습니다. 그러자 선지자 나단이 나타나 하나님의 집을 건축할 필요가 없다고 하시면서 다윗의 위와 그 자손의 위는 견고할 것이라고 전하였습니다.

(13) 다윗의 승리

다윗은 어디 가서 전쟁을 하여도 승리하게 됩니다. 블레셋, 모압, 다메섹, 하맛, 에돔 등과의 전쟁에서 승리합니다. 그 와중에 다윗은 요나단의 아들 므비보셋을 선대합니다. 그리고 암몬

왕의 죽음에 조문을 보낸 것이 발단이 되어 암몬을 쳐서 승리합니다. 그리고 아람도 다윗과 전쟁하여 패하게 됩니다.

(14) 다윗과 밧세바

다윗이 암몬과의 전쟁에서 요압 장군을 보내어 전쟁을 치르게 하였고 자신은 왕궁에 있었습니다. 그런데 왕궁 지붕위에서 거닐다가 밧세바의 목욕하는 모습을 보고 데려오라 하여 동침합니다. 그 일로 인해 밧세바가 아이를 가지게 됩니다. 이 사실을 안 다윗은 전쟁에 나가 있었던 그의 남편 우리야를 불러 아내와 동침하게 하지만 실패합니다. 그래서 요압에게 편지를 써 주어 우리야를 최전선에 배치하여 죽게 만듭니다. 이러한 모든 것에 대해 나단 선지자가 나타나 말하자 다윗은 회개합니다. 다윗과 밧세바와 동침하여 잉태한 그 아이는 죽고, 밧세바를 아내로 취하여 솔로몬을 낳았습니다.

(15) 암논과 다말과 압살롬의 사건

다윗의 아들 압살롬에게 아름다운 누이 다말이 있었습니다. 다윗의 아들 암논이 그를 사랑하여 상사병에 걸립니다. 그의 친구들이 이것을 보고 계략을 꾸밉니다. 다윗에게 다말에게 암논을 문병하여 음식을 차려주게 할 것을 요청하라고 합니다. 다윗이 이를 전하자 다말은 암논에게 들어갔습니다. 이를 암논이 억지로 동침한 후 인제 그녀가 너무 미워서 그녀를 버렸습니다. 이 사건으로 인해 압살롬이 계획적으로 암논을 죽이고 도망합니다.

압살롬이 다시 예루살렘으로 돌아오고 반역을 일으킵니다. 그러자 다윗은 예루살렘에서 도망하고 압살롬이 입성하여 정권을 장악하였습니다. 그러나 압살롬은 다윗을 찾는데 실패하고 다시 패하고 죽음을 당하게 됩니다. 이를 다윗은 슬퍼합니다. 다윗이 다시 입성합니다. 그 후 베냐민 지파의 세바가 반역을 일으키지만 실패합니다.

(16) 다윗의 인구조사와 책망

다윗은 인구의 수를 조사합니다. 이를 자책하여 하나님께 큰 죄를 지었다고 고백합니다. 그러자 하나님이 말씀이 선지자 갓에게 임합니다. 세 가지를 보여주면서 다윗에게 하나를 택하게 하라고 하였습니다. 하나는 땅의 칠년 기근, 대적에게 쫓기어 3개월 동안 도망다니는 것, 3일간의 온역 중 하나를 택하라고 하였습니다. 다윗은 온역을 택합니다. 그로 인해 70,000명의 사람들이 죽었습니다. 천사가 예루살렘을 향해 재앙을 내리려 하자 하나님은 이를 거두시고, 다윗은 여부스 사람 아라우나의 타작마당에서 단을 쌓고 제사를 드렸습니다.

6. 왕정시대(열왕기상 · 하, 역대상 · 하)

이스라엘의 초대왕은 사울이 되지만 하나님 보시기에 악을 행하였기 때문에 이새의 아들 다윗이 이스라엘의 2대왕이 되어 이스라엘 왕국이 시작됩니다. 다윗이 죽고 솔로몬은 다윗의 아들로 이스라엘의 3대 왕이 됩니다. 그러나 솔로몬이 이방신을 섬긴 죄로 인하여 이스라엘의 나라는 남유다와 북이스라엘로 분리되게 됩니다.

1) 솔로몬의 유다 통치

(1) 일천번제와 지혜, 솔로몬의 신하들

솔로몬은 왕이 되면서 애굽왕 바로와 인연을 맺어 애굽의 여인을 아내로 맞이합니다. 솔로몬은 다윗의 법도를 행하고 여호와를 사랑하였습니다. 하나님을 사랑하여 산당에서 제사를 드렸고, 기브온으로 가서 하나님께 일천번제를 드렸습니다. 하나님이 기뻐하여 솔로몬에게 원하는 것을 구하라고 하였습니다. 솔로몬은 자신이 우둔하다고 생각하여 재판의 지혜를 달라고 구합니다. 하나님은 솔로몬에게 자신을 위한 생명의 수와 부와 원수의 멸함을 구하지도 않고 오직 송사를 듣고 분별하는 지혜를 구하였기 때문에 지혜롭고 총명한 마음을 주시고, 거기에 부와 영광을 더하여 주었습니다.

솔로몬의 신하들은 다음과 같습니다. 사독의 아들 아사리아는 제사장, 시사의 아들 엘리호렙과 아히야는 서기관, 여호사밧은 사관, 브나야는 군대장관, 사독과 아비아달은 제사장, 나단의 아들 아사리아는 관리장, 사붓은 대신으로 왕의 벗이었습니다.

(2) 솔로몬의 성전 건축

솔로몬은 왕이 된 후 두로왕 히람에게 성전 건축을 위한 도움을 요청합니다. 그러자 그가 솔로몬을 좋아하여 성전건축의 재료와 기술자들을 보급하겠다고 합니다. 그래서 성전을 건축합니다. 솔로몬은 성전건축을 7년 만에 끝내고, 왕궁을 또 건축합니다. 왕국은 13년이 걸려 끝을 냅니다. 모든 건축을 마치고 여호와께서 다시 솔로몬에게 나타납니다. 하나님은 솔로몬에게 아비와 같이 행하면 이스라엘의 위에 오를 사람이 너에게서 끊어지지 않을 것이라고 약속하십니다.

솔로몬은 역군을 일으켜 게셀, 벧호론을 건축하였고, 국고성, 병거성들을 건축하였습니다. 솔로몬은 또 애굽으로부터 온 아내를 위하여 밀로를 건축하였습니다. 그 후 스바여왕이 솔로몬의 지혜를 알고자 그를 시험하기 위해 왔습니다. 저가 금 일백이십 달란트와 많은 향품을 예물로 가져왔습니다. 솔로몬의 재산은 세입금의 중수가 육백 육십육 달란트였습니다.

(3) 솔로몬의 타락

솔로몬은 바로의 딸 외에 이방의 많은 여인 즉 모압, 암몬,

에돔, 시돈과 헷여인을 사랑하였습니다. 그리고 왕은 후비가 700인, 빈장이 300이었습니다. 솔로몬이 나이 늙은 때에 왕비들이 마음을 돌이켜 다른 신들을 좇게 하였습니다. 그래서 시돈의 아스다롯과 암몬의 밀곰을 좇았습니다. 솔로몬이 나이 늙어 죽음으로 북쪽지파들은 배반하여 나라가 북 이스라엘과 남유대로 갈라집니다. 북이스라엘의 왕은 여로보암이 되고 남유대는 르호보암이 됩니다.

2) 북이스라엘 왕들의 역사

(1) 여로보암 왕조(여로보암-나답)

여로보암은 솔로몬이 타락할 때 선지자 아히야를 보내어 기름부음을 받게 합니다. 솔로몬이 여로보암을 죽이려 하자 애굽으로 도망하였다가 그가 죽었다는 소식을 듣고 귀환합니다. 그래서 여로보암과 이스라엘 온 회중이 솔로몬의 대를 이은 르호보암에게 나가서 왕의 부친은 우리의 멍에를 무겁게 하였으나 인제 우리의 멍에를 가볍게 해 달라고 간합니다. 그러자 르호보암은 이를 노인들과 소년들에게 의논합니다. 노인들의 의견은 노역을 가볍게 하는 것이었고 소년들은 부친은 채찍으로 징치하였으나 나는 전갈로 징치할 것이라는 대답을 줍니다. 그래서 여로보암과 10지파는 북으로 가서 여로보암을 왕으로 삼고 북이스라엘을 건국합니다.

여로보암이 22년 통치후 아들 나답이 여로보암의 대를 이었지만 2년만에 바아사가 반란을 일으킴으로써 바아사 왕조로 바뀌게 되었습니다. 바아사는 아히야의 예언대로 여로보암의 씨를 하나도 남기지 않고 모두 몰살시켰습니다.

(2) 바아사 왕조(바아사-엘라)

유다왕 아사와 바아사 왕조 사이에 전쟁이 있었습니다. 바아사는 24년을 통치합니다. 그러나 예후에게 하나님의 말씀이 임하여 바아사가 여로보암의 길로 행했기 때문에 그 집안은 여로보암의 집과 같이 되게 할 것이라고 하였습니다. 바아사가 죽고 엘라가 왕이 됩니다. 엘라가 통치한지 2년에 디르사에 있는 궁내대신 아르사의 집에서 마시고 취할 때 군대장관 시므리가 왕을 모반하여 죽입니다. 시므리는 온 바아사의 집안 사람들을 죽였습니다. 시므리가 왕이 되었지만 7일 만에 군대장관 오므리에게 넘어가게 되었습니다.

(3) 오므리 왕조(오므리-아합-아하시야-요람)

오므리는 사마리아 성을 세우고, 이를 수도로 삼았습니다. 앞선 모든 왕보다 더 악한 왕이었고, 이스라엘로 범죄케 한 왕이었습니다. 그이 아들이 바로 아합입니다. 엘리야가 아합의 시대에 함께 합니다. 오므리는 12년, 아합은 22년을 치리합니다. 사마리아에 바알의 사당을 건축하여 시돈왕의 딸 이세벨을 아내로 삼고 바알과 아세라를 숭배하였습니다. 아합의 다음은 그 아들 아하시야가 대를 이어갑니다. 악인이었고 바알을 숭배하였습니다. 아하시야는 요람에게 왕위를 물려줍니다. 당시 아합의 사위가 된 유다왕 여호람의 아들인 아하시야 왕은 요람과 동맹하여 길르앗 라못에서 아람왕 하사엘로 더불어 전쟁을 펼칩니다. 여기서 요람이 상하게 되었습니다. 그리고 또 요람이 병이 들어 아하시야가 문병을 왔을 때 예후가 반역하여 요람을 먼저 죽이고 유다왕 아하시야까지 죽였습니다.

(4) 예후 왕조(예후-여호아하스-요아스-여로보암2세-스가랴)

아합의 경호원이었던 예후는 엘리야로부터 기름부음을 받아서 요람을 죽입니다. 아합의 모든 집안을 몰살시켰고(왕자 70인을 죽임), 개혁조치를 단행하였습니다. 그러나 그도 여로보암의 죄 즉 벧엘에서 금송아지 우상을 섬기는 것으로부터는 돌이키지 못했습니다. 예후가 죽고 여호아하스가 사마리아에서 이스라엘 왕이 되어 17년을 치리하였습니다. 그 후 여호아하스의 아들 요아스가 16년을 치리하고, 여로보암2세가 왕이 됩니다. 이스라엘의 육적인 전성기가 바로 이 때입니다. 땅도 가장 넓었었던 때입니다. 이때 선지자 아모스, 요나가 활동한 시기입니다. 여로보암 2세는 이스라엘을 각 국가들 사이에서 높은 위치로 올려놓는 역할을 감당하였습니다. 그 후 스가랴가 왕이 되어 6달 동안 치리하다가 살룸에 의해 살해되었습니다. 살룸은 1달 동안 통치하지만 므나헴에 의해 살해됩니다.

(5) 므나헴 왕조(므나헴-브가히야)

므나헴은 살룸을 살해하고 왕이 됩니다. 10년 동안 통치하고 브가히야에게 왕위를 물려줍니다. 그는 우상숭배자였고, 폭군이었습니다. 그 아들 브가히야는 2년간 통치 후 그의 장군 베가에 의해 살해됩니다.

(6) 베가왕조

베가도 악을 행한 왕으로 20년 동안 통치하였습니다. 그는 이스라엘의 마지막 왕 호세아에게 살해됩니다.

(7) 호세아 왕조

호세아 왕은 악인으로 이스라엘 마지막 왕입니다. 호세아왕 9년에 앗수르의 왕이 사마리아를 함락시킴으로써 왕조는 멸망합니다.

(8) 시므리와 살룸왕조

시므리는 7일, 살룸은 1달을 통치합니다. 그래서 왕조에 넣지 않았습니다. 이스라엘 백성들은 앗수르로 잡혀가 그들의 혼혈정책으로 민족이 섞이게 되었습니다. 그래서 사마리아 인이 나온 것입니다.

3) 남유대 왕들의 역사

(1) 르호보암(17년)

남유다의 초대왕으로 10지파가 떨어져 나가서 북이스라엘을 세우는 데 기여하였습니다. 41세에 왕이 되었고, 모친은 암몬여인 나아마였습니다. 하나님 보시기에 악을 행한 왕입니다.

(2) 아비야(아비얌, 3년)

아비야는 사악한 자로 여로보암과 전쟁에서 하나님을 의지하여 승리를 이끕니다. 그의 아들 아사가 왕이 되었습니다.

(3) 아사(41년)

아비야의 아들 아사는 온전한 마음을 가졌고, 구스 전에서 승리하였고, 개혁적인 왕이었습니다. 그는 남색을 추방하였고, 우상추방, 번영, 우상을 숭배하는 모친을 태후에서 폐위하기도 하였습니다. 바아사와의 전쟁에서 아람의 벤하닷과 연합하여 승리하였고, 후반기에 관계가 나빠지게 되었습니다.

(4) 여호사밧(25년)

선을 행한 왕이며, 우상을 타파하였고, 이스라엘 왕 아하시야와 교제하였고 다시스로 보내기 위해 배를 만들기도 했습니다. 그러나 아하시야와 교제하는 고로 배를 파할 것이라는 하나님의 예언으로 인해 배는 파선하였습니다. 유대에서 보낸 섭정왕이 에돔을 통치하기도 하였고, 아합가와 연혼(여호람-아달랴)을 하게 한 왕이기도 합니다. 그래서 아합과 동맹하여 아람전에 참전하기도 하였고, 대 모압과 암몬전에서 승리하는 전과를 올리기도 했습니다.

(5) 여호람(8년)

하나님 보시기에 악한자로 아합의 딸 아달랴와 결혼한 왕으로 10세에 위에 오릅니다. 그는 자신의 동생들을 모두 죽였고, 산당을 건립하여 음란하듯 우상을 숭배하였습니다. 이 시대에 에돔이 배반하여 유다의 수하에서 벗어났고, 립나도 배반하여 여호람의 수하에서 벗어났습니다. 그 이유는 여호람이 그 열조의 하나님 여호와를 버렸기 때문이라고 언급합니다.

그리고 엘리야는 여호람에게 글을 보내어 다윗의 길로 행치 아니하고 여로보암의 길로 행하여 예루살렘 거민을 음란하듯 우상을 섬기게 하고, 아합의 집과 같이하였으며, 아우들을 모두 죽였으니 여호와가 네 자녀들과 아내들과 모든 재물들을 큰 재앙으로 치고, 창자에 중병을 들게 하고 창자가 빠져나오게 하리라고 예언하였습니다. 그래서 여호람은 창자에 병이 나고 병이 난 지 2년 만에 죽게 되어 열왕의 묘실에도 두지 아니하였습니다.

(6) 아하시야(여호아하스, 1년)

40세에 왕이 되어 1년을 치리하다가 북 이스라엘 왕 요람을 문병하기 위해 북왕국 방문시 예후의 반란으로 사마리아에서 살해됩니다. 그래서 그의 모친 이세벨의 딸 아달랴가 유다의 여왕이 되어 유다 집의 왕의 씨를 진멸하였으나 아하시야의 아들 요아스는 해하지 못하였습니다.

(7) 요아스(7세, 40년)

제사장 여호야다의 반정으로 왕위에 오른 왕으로, 아사시야의 숨겨진 아들(성전에서 6년간 숨겨짐)입니다. 처음에는 정직히 행하였으나 대제사장이 죽은 후 악을 행하고 신복에게 살해되었습니다. 제사장 여호야다가 죽은 후 아세라 목상을 섬기고, 아람침공시 성전의 성물과 금을 바치는 일을 하기도 하였습니다. 제사장 여호야다는 바알의 당을 훼파하고 바알의 제사장 맛단을 죽였습니다.

그런데 요아스는 제사장 여호야다의 은혜를 생각지 아니하고 여호야다의 아들 스가랴를 돌로 쳐 죽였습니다. 그가 예언을 했기 때문입니다. 이로부터 1년 후 아람과의 전쟁에서 요아스가 상처를 입자 그 신복들이 제사장 여호야다의 아들들의 피로 인하여 모반하여 침상에서 쳐 죽였습니다.

(8) 아마샤(29년)

여호와 보시기에 정직히 행하기는 하였으나 온전히 행치는 아니하였습니다. 악행과 산당을 존속시켰고, 부왕을 죽인 반란 신복들을 처형하였으며, 우상을 숭배하였고, 에돔을 정벌하였으며, 모반을 피해 라기스로 망명하였습니다. 그러나 아마샤가 여호와를 버린 고로 예루살렘에서 무리가 저를 모반하여 라기스로 도망간 그를 살해하였습니다.

(9) 웃시야(52년)

웃시야는 여호와 보시기에 정직히 행한 왕이었습니다. 그러나 그가 강성하여지매 교만이 들어가 여호와의 전에 분향을 하려 하였습니다. 그러자 제사장 아사랴가 용맹한 제사장 80인을 데리고 전에 들어가 그를 막았습니다. 이에 제사장에게 노를 발하니 저의 이마에 문둥병이 발하였습니다. 웃시야 왕은 죽는 날까지 문둥병이 발하여 별궁에 홀로 거하였고 그 아들 요담이 왕궁을 관리하며 국민을 치리하였습니다.

(10) 요담(16년)

여호와 앞에서 정직히 행하였고, 나라가 번영하였습니다. 여호와의 전 윗문을 건축하였으며, 암몬과의 전쟁에서 승리하여 많은 조공을 받았습니다.

(11) 아하스(16년)

아하스는 20세에 위에 나가서 북 이스라엘 왕들의 길을 따랐습니다. 그는 힌놈의 아들 골짜기에서 이방을 본받아 그 자녀를 불사르고 산당에서 제사를 드리며 분향하였습니다. 그러므로 하나님이 아람왕의 손에 붙이셔서 저희가 많은 무리를 사로잡아 갔습니다. 아람과 이스의 연합군 침공시 앗수르왕 디글랏에게 조공을 바치면서 원병을 요청하였고, 성전을 폐쇄하였으며, 다메섹 방문후 앗수르식 제사의식을 거행하였습니다.

(12) 히스기야(29년)

히스기야는 성전을 청결케 하고, 또 에브라임, 므낫세에게 편지를 보내어 예루살렘에서 유월절을 지키게 하였습니다. 그래서 에브라임, 므낫세, 잇사갈, 스불론은 모여 자기를 깨끗이 아니하고 유월절 음식을 먹었습니다. 히스기야가 기도하여 이들의 용서를 구하였습니다. 히스기야의 기도로 잘못에 대하여 용서함을 얻었습니다. 히스기야는 산당을 헐고 우상과 놋뱀을 파괴하였고, 대 앗수르전 승리, 해 그림자 10도를 변경하는 역사를 일으켰습니다. 히스기야의 부와 영광은 극한 지경에까지 이르렀습니다. 그가 병들어 기도했을 때 15년간 수명을 연장시켜 주셨습니다.

(13) 므낫세(55년)

남유다의 왕 중 극히 악한 왕입니다. 힌놈의 아들의 골짜기에서 그 아들들을 불 가운데 지나가게 하는 행위를 하였고, 점치며 사술과 요술을 행하였습니다. 므낫세의 행위 때문에 하나님은 유다를 바벨론에 붙일 것을 계획하셨습니다. 그는 유다의 최악의 왕으로서, 앗수르 포로로 끌려간 경험이 있었습니다. 이런 환란을 당할 때 비로소 하나님께 간구하였고, 하나님 앞에 크게 겸비하여 이를 들으시고 그를 다시 돌아가게 했습니다.

(14) 아몬(2년)

그의 부친과 같이 악을 행한 자가 되었고, 아비는 후에 겸비하였지만 그는 더더욱 범죄하였습니다. 그래서 그 신복이 반역하여 그를 궁중에서 살해하자, 국민들은 그 반역자를 죽이고 그 아들 요시야를 왕으로 삼았습니다.

(15) 요시야(31년)

요시야는 8세에 위에 나아가 대대적인 개혁을 단행합니다. 좌우로 치우치지 아니하고 정직히 행하였고, 산당과 아세라 목상, 아로새긴 우상들을 모두 제하여 버렸습니다. 그리고 성전을 수리하던 중 제사장 힐기야가 율법책을 발견하여 그 책에 기록된 내용을 보고 옷을 찢고 기도하였습니다. 하나님이 그 기도를 들어주셔서 그가 살아있는 동안에는 그 책에 기록된 하나님의 저주를 받지 않게 할 것이라고 하였습니다. 그는 유례없는 선을 행한 왕이었습니다. 요시야는 애굽이 앗수르를 치려고 길을 내어달라고 하자 그럴 수 없다고 하자 므깃도에게 애굽의 군에 의해 전사합니다. 예레미야는 그를 위해 애가를 지어 불렀습니다. 그리고 애굽은 앗수르와 전쟁을 위해 떠나고 유다는 여호아하스를 왕으로 옹립합니다.

(16) 여호아하스(3개월)

요시야를 대신하여 왕이 되었으나 애굽은 그 위를 폐하고 애굽으로 데려가 살해하였습니다. 그리고 그의 형제 엘리아김을 세워 유다의 왕으로 삼았습니다.

(17) 여호야김(엘리야김, 11년)

요시야의 장자로, 사악한 자였습니다. 애굽이 옹립한 왕입니다. 바벨론이 쳐들어 와서 바벨론 포로가 되기도 했습니다. 그는 3년을 섬기다가 배반하였습니다.

(18) 여호야긴(여호야김의 자, 3달):

여호야김이 죽고 여호야긴이 왕이 됩니다. 왕이 된 지 3개월이 되자 바벨론왕 느부갓네살 신복들이 오고, 왕도 뒤에 도착하여 그에게 잡힙니다. 저가 여호와의 전의 보물과 왕궁의 보물을 집어내고, 여호와의 금 기명을 다 훼파하였습니다. 느부갓네살은 이스라엘의 모든 백성, 방백, 모든 용사 1만명과 모든 공장과 대장장이를 잡아갔습니다. 그리고 그의 삼촌 맛다니야로 왕을 삼고 그 이름을 시드기야로 하였습니다. 여호야긴은 바벨론 포로로 끌려갔지만 말년에 바벨론에서 왕으로 대우를 받았습니다.

(19) 시드기야(11년)

여호야긴의 삼촌인 시드기야는 왕이 된지 얼마 되지 않아 바벨론을 배신합니다. 그러자 B.C. 587년 느부갓네살이 모든 군대를 거느리고 쳐들어와 이스라엘을 완전히 장악하였습니다. 바벨론 왕 느부갓네살은 시드기야의 눈을 빼고 사슬에 결박하여 바벨론으로 끌고 갔습니다. 바벨론 왕 느부라사단은 예루살렘에서 여호와의 전과 왕궁을 불사르고, 예루살렘의 모든 집을 불사르고, 예루살렘의 성벽을 헐고, 백성들을 포로로 끌고 갔습니다. 남은 자들은 빈천한 자들로 포도원을 관리하는 자와 농부가 되게 하였습니다. 왕국이 몰락한 후 그랄리야가 총독이 되어 이스라엘 지역을 통치하였습니다.

4) 엘리야의 사역

엘리야에 관한 이야기는 열왕기상 17장, 오므리 왕조의 아합왕과의 관계를 말하기 위해 나타납니다. 엘리야와 엘리사의 내용이 열왕기상·하에 상당한 비중을 차지하면서 나타납니다.

(1) 가뭄 속에서의 엘리야의 삶

기르앗에 우거하는 디셉사람 엘리야가 북이스라엘 왕 아합에게 수년 동안 우로가 있지 아니할 것을 예언합니다. 하나님의 말씀이 엘리야에게 임하여 그로 하여금 요단앞 그릿 시냇가에 숨어 시냇물을 마시고 까마귀를 명하여 먹을 것을 엘리야에게 가져다 줄 것임을 알려주십니다. 그 후 엘리야는 다시 하나님으로부터 사르밧 과부의 집에 가라고 하여 그곳으로 가서 머물게 됩니다.

(2) 갈멜산에서 바알과 아세라 제사장들을 죽임

많은 날이 지나고 제 삼년에 하나님의 말씀이 임하여 아합을 만나라고 하였습니다. 엘리야는 당시 북이스라엘의 국내대신 오바댜를 만나 아합에게 자신이 보일 것을 알려줍니다. 엘리야는 아합을 만나서 바알을 좇은 것을 책망합니다. 그래서 갈멜산에서 바알의 선지자 450명, 아세라 선지자 400명을 나오게 하라고 합니다. 그래서 그 선지자들을 갈멜산으로 모읍니다. 엘리야가 모든 백성들을 모아 놓고 여호와와 바알 둘 중의 하나을 좇으라고 하였습니다. 바알의 제사장들과 엘리야와 갈멜산에서 제사를 통한 대결을 펼칩니다. 그곳에서 제사장들을 잡고 기손 시내에서 그 제사장 850명을 죽였습니다. 그리고 엘리야가 비가 내릴 것이라고 이야기 하자 곧 비가 내렸습니다.

(3) 호렙산의 엘리야에게 하나님이 나타남

엘리야의 일을 이세벨에게 고하매 이세벨이 엘리야를 죽이겠다고 하였습니다. 엘리야가 브엘세바까지 도망하여 로뎀나무 아래에서 죽기를 구합니다. 그 아래서 천사가 숫불에 구운 떡과 한 병의 물을 엘리야에게 주었습니다. 그리고 사십주야를 걸어서 호렙에 도착합니다. 그곳에서 하나님이 나타나 다메섹에 가서 하사엘에게 기름을 부어 왕이 되게 하고, 님시의 아들 예후에게 기름을 부어 이스라엘 왕이 되게 하고, 엘리사에게 기름을 부어 엘리야를 대신하여 선지자가 되게 하십니다. 그러면서 하사엘의 칼을 피하는 자는 예후가 죽이고, 예후의 칼을 피하는 자는 엘리사가 죽일 것이라고 예언합니다. 그리고 엘리야가 엘리사를 부릅니다.

(4) 엘리야의 승천

여호와께서 엘리야를 회리바람으로 하늘에 올리고자 할 때 엘리사와 함께 길갈에 있었습니다. 엘리야가 엘리사에게 하나님이 나를 벧엘로 보내려 하시니 여기 머물라고 하자 그를 떠나지 않겠다고 하여 벧엘로 같이 갑니다. 벧엘의 선지자 생도가 엘리사에게 당신의 선생 엘리야를 하나님이 당신의 머리위로 취하실 줄을 아느냐고 묻습니다. 그러자 안다고 대답하면서 잠잠하라고 하였습니다. 그리고 또 엘리야가 하나님이 나를 여리고로 보내려 하시니 여기 머물라고 하자 떠나지 않겠다고 하여 여리고로 같이 갑니다. 또 요단으로 보내신다고 하여 머물라고 하자 떠나지 않겠다고 하여 요단으로 내려갑니다. 엘리야가 요단에서 겉옷을 취하여 말아 물을 치니 물이 이리 저리로 갈라졌습니다.

육지같이 요단을 건넌 후 엘리야가 엘리사에게 네게서 나를 취하시기 전 네가 어떻게 할 것을 구하라고 하였습니다. 그러자 엘리사는 당신의 영감의 갑절이 내게 있기를 구한다고 하여습니다. 어려운 일을 구한다고 하면서 하나님이 나를 네게서 취하시는 것을 보면 그것이 이룰 것이라고 하였습니다. 그러자 홀연히 불수레와 불말들이 두 사람을 격하고 엘리야가 회리바람을 타고 승천하였습니다.

5) 엘리사의 사역(열왕기하 2~8장)

(1) 여리고성의 물을 고침

엘리사는 여리고에서 터는 아름답지만 물이 좋지 못하여 토산이 익지 못하고 떨어진다는 소식을 듣고 새 그릇에 소금을 가져오라 하여 물의 근원으로 가서 소금을 그 가운데 던짐으로 여호와의 말씀이 내가 이 물을 고쳤으니 이로 좇아 다시는 죽음이나 토산이 익지 못하고 떨어짐이 없을 것이라고 하자 물이 곧 고쳐졌습니다.

(2) 유다왕 여호사밧, 이스라엘 왕 여호람, 에돔왕의 연합군과 모압의 전쟁

모압이 아합왕이 죽자 그 아들 요람을 배반하였습니다. 그러자 요람은 유다왕 여호사밧과 에돔왕이 더불어 모압을 평정하기 위해 군사를 일으켰습니다. 그런데 에돔광야의 길로 갈 때 군사와 생축을 먹일 물이 없었습니다. 이에 그들은 엘리사를 찾아가 해결책을 찾았습니다. 엘리사는 거문고타는 자를 불러 거문고를 타게 합니다. 거문고를 탈 때 여호와께서 엘리사를 감동하여 이 골짜기에 개천을 많이 파라고 하여 물의 문제를 해결해 주었고, 모압도 그들의 손에 부칠 것을 알려주었습니다.

(3) 과부의 기름병

선지자의 생도의 아내 중 한 여인이 엘리사를 찾아와서 자신의 남편이 죽었는데 채주가 자신의 두 아들을 취하여 종을 삼고자 한다고 하였습니다. 그러자 네 집에 무엇이 있느냐고 하자 기름 한 병이 있다고 하였습니다. 이에 엘리사는 동네에 가서 빈 그릇을 빌려오라 하여 두 아들과 함께 집에 들어가서 그 그릇을 기름으로 채우라고 하였습니다. 이렇게 하여 그들의 빚을 갚아 주었습니다.

(4) 엘리사와 수넴 여자

수넴여인이 엘리사를 위하여 작은 방을 담 위에 짓고 침상과 책상과 의자와 촛대를 갖추었습니다. 엘리사는 그 여인에게 원하는 것을 말하라고 하였습니다. 그러자 나는 내 백성 중에 거하나이다라고 대답하였습니다. 그러자 엘리사의 몸종 게하시가 그 여인은 아이가 없다고 하였습니다. 그러자 돌이 되면 아들을 안을 것이라고 알려 주었습니다. 돌이 지나 여인이 잉태하여 아들을 낳았습니다. 그 아들이 곡식 베는데 나가서 아비에게 내 머리야, 내 머리야 하여 어미에게 데려가라 하였더니 그 어미에게 와 무릎에 앉았다가 죽었습니다. 그러자 엘리사를 찾아 그 집으로 데려옵니다. 엘리사는 죽은 어린아이의 위에 포개져서 아이를 살려냅니다.

(5) 두 가지 기적

길갈에 흉년이 들었습니다. 엘리사가 자기 사환에게 큰 솥을 걸고 생도들을 위하여 국을 끓이라고 하였습니다. 한 사람이 채소를 캐러 들에 나가서 야등덩굴을 만나 그것에서 들외를 따서 가져와 끓였습니다. 이를 퍼다가 생도들에게 주니 무리가 먹다가 독이 있다고 하였습니다. 그러자 엘리사가 가루가 가져다 솥에 던지고 퍼다가 무리에게 주어 먹게 하자 해독이 없어졌습니다.

(6) 나아만이 고침을 받음

아람의 군대장관 나아만은 주인 앞에 크고 존귀한 자였습니다. 그런데 그에게 문둥병이 나타났습니다. 이스라엘의 계집종 하나가 나아만의 아내의 여종이 되어 수종을 들고 있었습니다. 그가 주인이 사마리아에 계신 선지자 앞에 있었더면 문둥병이 고쳐질 수 있을 것임을 알려주었습니다. 그래서 아람왕은 이스라엘 왕에게 예물을 보내어 나아만의 병을 고쳐달라는 편지를 보냈습니다. 그러자 글을 읽은 이스라엘 왕은 옷을 찢고 내가 어찌 하나님이관대 사람을 죽이고 살릴 수 있겠느냐고 하면서 아람왕이 시비하려는 것으로 생각했습니다.

엘리사는 이스라엘 왕이 옷을 찢었다는 소식을 듣고 나아만이 오면 자기의 집으로 보내라고 하였습니다. 그래서 나아만이 엘리사의 집 앞에 섰습니다. 그러자 엘리사가 사자를 보내어 너는 가서 요단강에 몸을 일곱 번 씻으라고 하였습니다. 그러면 살이 깨끗하여질 것이라고 하였습니다. 이를 듣고 나아만이 노하여 물러갔습니다. 왜냐하면 자신의 생각에는 저가 나에게 나아와 서서 그 하나님 여호와 이름을 부르고 당처 위에 손을 흔들어 문둥병을 고쳐줄까 생각했었기 때문입니다. 나아만은 다메섹 강, 아마나, 바르발은 이스라엘 강보다 낫지 않느냐 하고 말했습니다. 그러자 그 종들이 선지자가 큰 일을 하라고 하였더면 하지 않았겠나이까 하면서 쉬운 것이니 해 보라고 권하자 그렇게 하였습니다. 이에 나아만이 순종하였을 때 병이 고쳐졌습니다.

(7) 그 외의 이적들

선지자 생도가 자신들의 집을 짓기 위해 나무를 베다가 도끼를 물에 빠트렸습니다. 이에 엘리사가 나뭇가지를 베어 물에 던지니 도끼가 떠올랐습니다.

그리고 이스라엘과 아람과의 싸움에서 아람군대가 매복한 곳을 엘리사가 이스라엘 왕에게 알려주었습니다. 그러자 아람왕은 간첩이 있다고 하기까지 했습니다. 이에 아람왕에게 이스라엘에는 선지자 엘리사가 있어서 침실에서 하신 말씀도 알아차린다고 알려주었습니다. 그러자 아람왕은 엘리사를 죽이려고 그 성을 에워 쌓습니다. 엘리사는 그들에게 눈을 열게 하여 불병거와 불말을 보게 하였습니다. 그들이 엘리사에게 왔을 때 눈을 멀게 하였습니다. 그를 데리고 사마리아로 왔습니다. 엘리사가 눈을 열어주니 그들이 사마리아에 있는 것을 발견했습니다. 그러자 이스라엘 왕이 내가 치리이까 하자 치지 말라고 합니다.

사마리아가 아람왕 벤하닷에게 에워 쌓였습니다. 모든 양식이 떨어져 아들을 잡아먹는 지경에 이르렀습니다. 이에 엘리사는 너희가 내일이면 가루 한 스아에 한 세겔 할 것이라고 알려줍니다. 곧 에워싼 아람군대가 도망하여 곧 회복되었습니다.

아람왕 벤하닷이 병들었습니다. 그가 그의 신복 하사엘을 엘리사에게 보내어 병이 고쳐질지를 물어오라고 하였습니다. 그러자 하사엘은 엘리사에게 와서 그것을 묻자 엘리사는 고쳐질 것이지만 왕은 죽을 것이라고 하였습니다. 그리고 하사엘을 보고 눈물을 흘렸습니다. 이후에 그가 이스라엘 백성들에게 할 일들을 미리 알았기 때문입니다.

6) 역대상 · 하의 이야기

역대상의 이야기는 아담의 계보부터 시작합니다. 아담에서 아브라함, 다윗왕, 열두지파의 자손들의 이야기와 사울이 왕이 되고 다윗이 이후 왕이 되는 이야기를 합니다. 역대상 13장부터 다윗의 이야기를 시작하여 22장까지 합니다. 그 후 레위족속, 제사장의 이야기를 하다가 다시 다윗의 이야기를 하면서 역대상을 끝냅니다.

역대하의 이야기는 솔로몬에서부터 시작됩니다. 역대상 · 하에는 북이스라엘 역사는 없습니다. 솔로몬의 이야기를 1장에서부터 10장까지 합니다. 그 이후 36장까지 남유다의 왕들에 관해 이야기하고 있습니다.

7. 이스라엘 민족의 바벨론 포로시기

1) 유대왕국 멸망 직전의 국제정세

BC 722년 북이스라엘을 멸망시킨 나라인 앗시리아는 점차 그 세력을 잃게 되었습니다. 그 당시 갈대아 사람인 나보폴라살(BC 626-605)은 앗시리아의 신사르이스쿤의 의해 Sealand라 한 한 지역의 통치자로 임명됩니다. 그는 임명된 지 3년 후 반기를 들고 앗시리아와 우룩에서 전투하여 승리하게 됩니다. 전쟁에 승리한 나보폴라살은 BC 626년 신바벨론제국을 건설하여 계속적으로 영토를 확장합니다.

그리고 그 당시 애굽은 바벨론과의 전투에서 계속 유브라데스강 남쪽으로 밀렸고, 겨우 시리아와 팔레스틴에서 주도권을 잡고 남유대의 내정을 간섭하고 있었습니다. 그러나 계속 바벨론제국에 의해 그 세력이 서서히 축소됩니다.

이러한 상황에서 신바벨론제국의 나보폴라살의 아들인 19세 소년 느부갓네살은 갈그미스전투에서 BC 605년 앗시리아를 멸망시킵니다. 이 전투에서 느부갓네살은 앗시리아와 이집트의 동맹군을 대파시켜 앗시리아를 멸망시키고 이집트군을 뒤쫓아 거의 이집트 변방까지 점령하게 됩니다. 그 후 느부갓네살(BC 605-562)은 605년 이집트와 전투 중 아버지의 사망소식을 듣고 바벨론으로 돌아가서 신바벨론제국의 2대 왕이 됩니다.

2) 남유대의 멸망

남유대 말기에 접어들면서 이집트는 여호아하스(3개월)를 폐위시키고, 요시야의 장자 엘리아김을 여호야김으로 이름을 바꾸어 왕으로 삼고 조공을 바치라고 하였습니다. 그런데 갈그미스 전투 후 유대는 바벨론을 섬기지 않을 수 없게 되었습니다. 그 후 BC 602년 이집트와 바벨론 전쟁으로 둘 다 손해를 입자 또 다시 이집트를 섬기게 되었습니다.

여호야김이 598년 죽자 여호야김의 아들 여호야긴이 왕이 되어 반 바벨론 정책을 실시합니다. 그러자 느부갓네살이 이를 응징합니다. 이때에 1만명의 용사, 1천명의 기술자들이 포로로 끌려갔으며, 유명한 선지자 에스겔도 이때에 포로가 되었습니다. 그 후 바벨론은 여호야긴의 삼촌인 시드기야를 왕으로 삼았으나 그도 즉위 5년 후 배반하여 포로로 끌려가게 됩니다.

3) 포로시대(605-539)

이스라엘 민족은 바벨론 제국이 갈그미스전투에서 승리한 후 1차, 2차에 걸쳐 바벨론으로 끌려가게 되었습니다. 백성들은 바벨론에서의 포로생활에 대체로 잘 적응하였습니다. 그리고 경제적인 성공을 거두기도 하였습니다. 어떤 사람들은 정치적

관료로 등용되기도 하였습니다.

바벨론으로 이주한 이스라엘 민족에게는 새로운 예배형태가 생겨나게 되었습니다. 남유대의 멸망으로 성전이 훼파되었고, 제사제도는 없어졌으며, 새로운 회당에서 하나님의 말씀을 읽기 시작하는 제도가 생겼습니다. 즉 회당에서 기도, 찬송, 성경봉독의 예배형태가 나타났습니다.

바벨론의 포로로 끌려간 지 70년 만에 메대와 주변나라를 평정한 페르시아의 고레스는 바벨론을 함락시키고 이스라엘의 민족을 귀환시겼습니다. 1차 포로귀환은 BC 538년 세스바살의 인도하에 귀환하였습니다. 총 42,360명의 포로가 귀환하였고 이들은 스룹바벨과 대제사장 여호수아의 지도하에 성전재건을 시작하였습니다. 이 시대에 재건된 성전이 바로 스룹바벨 성전입니다.

2차 포로귀환은 페르시아왕 아닥사스다1세 재위기간인 458년 제사장 에스라의 인도하에 이루어지게 됩니다. 아닥사스다1세는 이스라엘 민족에게 우호적인 왕이었습니다. 이 당시 이스라엘 민족은 이방인들과 결혼한 문제를 회개하였으며, 성벽을 건축하였습니다.

3차 포로귀환은 페르시아 정부의 고급관리 술 맡은 관원의 지위까지 오른 느헤미야의 인도로 이루어집니다. 느헤미야는 귀환하여 유대의 총독이 됩니다. 느헤미야가 귀환하여 유대의 총독이 되자 지지부진하던 성벽재건이 52일만에 완성됩니다. 이때에 이스라엘 민족은 대대적으로 율법을 정비하고 언약을 갱신하게 됩니다.

8. 포로귀환 이후의 이스라엘

포로귀환 이후의 이스라엘 역사는 에스라, 느헤미야, 에스더에 나타납니다. 사실상 에스라와 느헤미야까지입니다. 에스더는 에스라 시대의 한 이야기입니다.

1) 성전건축

세스바살에 의해 인도된 1차 포로귀환은 고레스 칙령에 의해 진행됩니다. 바사 왕 고레스의 칙령은 다음과 같습니다. 여기에 스룹바벨, 예수아가 포함되어 있었습니다.

"바사왕 고레스는 말하노니 하늘의 신 여호와께서 세상 만국으로 내게 주셨고 나를 명하사 유다 예루살렘에 전을 건축하라 하셨나니 이스라엘의 하나님은 참 신이시라 너희 중에 무릇 그 백성 된 자는 다 유다 예루살렘으로 올라가서 거기 있는 여호와의 전을 건축하라 너희 하나님이 함께 하시기를 원하노라 무릇 그 남아 있는 백성이 어느 곳에 우거하였든지 그곳 사람들이 마땅히 은과 금과 기타 물건과 짐승으로 도와주고 그 외에도 예루살렘 하나님의 전을 위하여 예물을 즐거이 드릴찌니라 하였더라"

이스라엘의 1차 포로귀환은 바로 성전건축이 목적이었습니다. 그러나 성전건축을 방해하는 사람들이 있었습니다. 유다와 베냐민의 대적들은 성전건축을 방해하였습니다. 그들은 자신들도 그 성전건축에 끼워달라고 합니다. 그들은 앗수르왕 에살핫돈이 이 사마리아 지경에 오게 한 날부터 하나님께 제사를 드리게 하였다고 했습니다. 그러자 스룹바벨과 예수아는 거절합니다.

그러자 그들은 고레스가 죽고 아닥사스다왕 때에 글을 올려 이스라엘이 성읍과 성곽을 건축하면 다시는 조공을 바치지 않을 것이라고 모함하였습니다. 그래서 바사왕 다리오 2년까지 성전건축이 중단됩니다.

성전건축이 계속 중단되어 있자 선지자 학개와 스가랴가 예루살렘의 유다 사람들에게 예언하였습니다. 이에 스룹바벨과 예수아가 일어나 다시 성전을 건축하기 시작했습니다. 이에 강서편 총독 닷드내와 스달보스내가 다리오 왕에게 성전건축을 방해하는 편지를 보냅니다. 그러나 고레스 칙령이 찾아짐으로 인해 그들의 편지는 묵살이 됩니다. 그래서 다리오 왕 6년 아달월 3일에 성전건축을 완성합니다.

2) 에스더의 귀환(2차 포로귀환)

이 일 후에 에스더가 귀환합니다. 에스더는 귀환하여 이스라엘 사람들이 이방의 여인들을 아내로 삼는 일을 보고 회개기도를 합니다. 그래서 이스라엘 백성들을 모두 모으고 회개하게 합니다. 그러자 그들은 이방아내와 그 소생을 모두 내어 쫓기로 합니다.

3) 느헤미야의 귀환

느헤미야는 하나니와 두어 사람으로부터 예루살렘의 소식을 듣고 앉아서 수일을 울고 슬퍼하였습니다. 예루살렘성은 훼파되고 성문은 소화되었다는 소식이었습니다. 그래서 성벽과 성문을 건축하기 위하여 느헤미야가 귀환합니다. 느헤미야는 아닥사스다왕의 술관원장이었습니다. 아닥사스다왕은 느헤미야의 일에 그곳과 인근의 총독들은 적극적으로 도우라고 하였습니다. 사마리아의 산발랏과 암몬사람 도비야가 또 방해하였습니다.

느헤미야는 귀환하여 성벽을 건축한지 52일 만에 성벽의 역사를 끝냅니다. 느헤미야는 성벽을 봉헌하고 개혁정책을 실시하였습니다.

9. 이스라엘 멸망후 통치와 유대종파

1) 바벨론의 멸망

나보폴라살에 의하여 건국된 바벨론 제국은 느부갓네살이 죽자 그의 아들 에윌므로닥이 왕위에 오릅니다. 그러나 그의 매제인 네리글리살이 반역을 꾀하여 에윌므로닥은 죽고 네리글리살이 왕위에 오릅니다. 네리글리살 이후 라바시말둑이 왕위에 올랐으나 1개월 후 다시 나보니두스에게로 왕권이 넘어가게 됩니다. 나보니두스는 양위하지 않고 아들 벨사살에게 왕권을 맡긴 채 자신은 말둑신을 섬기기 위해 10년간 은둔생활을 합니다. 바로 이 벨사살 왕 때에 바벨론은 페르시아에 의해 멸망당합니다.

2) 페르시아 제국

페르시아의 초대왕인 고레스2세(559-530)는 페르시아 지파들을 통합하여 바벨론을 점령합니다. 그 후 캄비세스2세는 이집트를 침공하여 명실상부한 통합제국을 건설합니다. 메대, 리디아, 바벨론, 이집트를 통합한 거대한 제국을 건설하게 됩니다. 캄비세스2세가 이집트를 점령하러 간 틈을 타 페르시아제국의 왕이 된 가우마타(522)는 캄비세스2세가 돌아온다는 소식을 듣고 자살합니다.

다음의 왕인 다리우스1세(다리오)(522-486)는 인도와 유럽으로 영토를 확장합니다. 그러나 마라톤전쟁에서 그리스에 패배하여 평화와 안정, 행정개혁, 법규정비, 세제개혁, 왕궁건설, 운하(나일강-홍해), 도로망 정비 등 대대적인 국정운영을 하게 됩니다.

다리우스1세에 이어 왕이 된 크세르크세스(486-465, 아하수에로)는 아버지의 원수를 갚기 위해 그리스 도시국가와 전쟁을 합니다. 그러나 살라미스전투에서 패배하고, 미칼레전투에서 또 패배하게 됩니다. 전쟁의 패배로 인하여 방탕생활을 하게 되면서 살해됩니다. 이 시대에 서서히 그리스가 세계적인 역사에 등장하게 됩니다.

크세르크세스의 형제인 아닥사스다1세(465-424)는 시위대장에 의해 왕이 살해되자 왕이 됩니다. 그는 스파르타에게 뇌물을 주고 아테네와 전쟁을 유도하자 아테네가 승리하면서 그와 적대적인 관계가 되었습니다. 이 페르시아는 다리우스2세, 아닥사스다2세, 다리우스3세로 이어지고, 그 유명한 그리스의 알렉산더에 의해 멸망됩니다.

3) 헬라(그리스)제국: 마케도니아

BC 333년 이수스에서 다리우스왕을 격파한 알렉산더 대왕은 이집트까지 점령하여 지중해 연안은 히랍의 문화권에 들어

가게 됩니다. 지중해 연안지역은 언어가 헬라어로 통일되어 갔으며 통일된 서양문명의 발전이 시작되었습니다. 알렉산더 대왕이 사망하자 나라는 시리아와 이집트로 갈라졌고, 시리아는 안티고누스가 지배하고, 이집트는 톨레메우스가 지배하게 됩니다. 그리고 팔레스틴은 톨레메우스의 지배하에 들어갔다가 후에 시리아의 안티오쿠스3세에 의해 지배됩니다.

두 왕국 모두 헬라문화의 지배를 받게 됩니다. 안티오쿠스4세는 유대교를 핍박하였습니다. 그는 제사장직 파괴, 안식일을 지키면 사형, 성전에서 돼지로 제사하는 등 악한 행동을 하였습니다.

4) 로마제국

로마제국은 도시공화국으로 원로원에 의해 통치되는 작은 국가였습니다. 그런데 BC 275년 에피루스를 격퇴하여 이탈리아에서 세력을 확보하였고, 강병을 양성하게 됩니다. BC 202년 한니발 장군을 물리치고, 190년 시리아의 안티오쿠스3세를 물리치면서 지중해를 지배하게 됩니다. 그러나 로마의 문화는 헬라문화에 동화됩니다.

5) 마카비운동(BC 167): 유대인 독립운동

시리아의 이방신 제사를 한 유대인이 돕자 맛다디아스가 그 유대인을 살해하고 유대 광야로 도망하였습니다. 그러자 많은 유대인들이 몰려오기 시작하였습니다. 이들을 중심으로 유대인들은 독립운동을 시작하여 BC 164년 예루살렘을 탈환합니다. 성전을 세우고 여호와께 제사합니다. 맛다디아스의 세 아들 중 막내인 시몬에 의해 하스몬 왕가가 건설되었습니다. 그의 아들 존 힐카누스시대에 산헤드린공회가 만들어지고 이스라엘은 이 산헤드린공회를 중심으로 이끌려지게 됩니다.

6) 유대종파

신약과 구약의 중간시대에 이스라엘에는 사두개파, 바리새파, 에센파(열심당)라는 유대인의 종파가 나타나게 됩니다. 사두개파는 사독제사장 계열의 경건한 사람들로부터 나옵니다. 점차 정치적으로 결탁하여 세력이 크게 확장되고, 하스몬 왕가와 결탁합니다. 이들은 모세오경만 성경이라고 주장하며, 헬라문화를 선호하는 보수적인 사람들이었습니다. 그리고 부활이 없다고 하였습니다.

바리새파는 바벨론 포로시대에 그룹 성경공부에서부터 시작되었다는 설과 하스몬 왕가 시작시 하시딤이라는 경건한 자들로부터 갈라졌다는 설이 있습니다. 이들은 철저한 율법주의, 율법해석에 관심을 가지며, 부활을 믿었던 자들입니다. 그리고 천사들이 있다고 생각했으며, 예수님과 율법해석에서 상당한 차이를 보였습니다.

에센파(열심당)는 자신들이 하나님의 심판의 도구라고 생각한 자들입니다. 하나님을 향한 열심과 로마정부에 복종을 거부한 자들입니다. 그들은 황제를 주로 부르지 않았습니다. 이 에센파는 마카비 시대에 하시딤이라는 유대 독립군들에게서 생겨났는데 주후 6년에 멸망되었습니다. 이들은 종말론적 사고를 가지고 있었으며, 공동생활을 한 것으로 보고되고 있습니다. 이들의 생활양식은 흰옷을 입었으며, 목욕을 하였고, 독신주의적인 삶을 살았던 자들입니다. 그리고 이들은 성경을 복사하는 일을 주로 하였습니다.

7) 예수그리스도의 탄생(서기 AD의 시작)

신구약 중간기는 예수님의 탄생으로 끝이 나고 예수님의 공생애를 시작으로 새로운 시대가 펼쳐집니다. 예수님은 유대 베들레헴에서 탄생되는데 이때에는 마카비 왕조를 몰락시키고 헤롯 왕가를 세운 헤롯 대왕이 통치를 하고 있었습니다. 헤롯은 마카비 왕조의 힐카누스2세의 조력자 안티파스의 아들로 로마에 아부를 하는 자였으며 헬라문화를 선호하는 사람이었습니다.

10. 선지서와 이스라엘 역사

선지서에는 대선지서와 소선지서가 있습니다. 대선지서에는 이사야, 예레미야, 예레미야애가, 에스겔, 다니엘이며 소선지서에는 호세아, 요엘, 아모스, 오바냐, 요나, 미가, 나훔, 하박국, 스바냐, 학개, 스가랴, 말라기입니다. 이들과 이스라엘 역사와 연관시켜봅니다.

1) 대선지서

이사야는 웃시야, 요담, 아하스, 히스기야 시대에 활동한 선지자로 하나님의 심판과 메시야에 관한 소망을 알려주는 예언을 하였습니다. 북이스라엘이 거의 멸망할 즈음 남유대의 타락을 경고하는 내용이 들어가 있습니다. 예레미야는 유대 말기 이스라엘 백성들이 바벨론으로 가야 한다는 하나님의 말씀을 전달한 선지자입니다. 그리고 예레미야애가는 예루살렘에 대한 슬픔의 애호와 진노의 회개, 소망, 멸망 후의 예루살렘에 관해 노래하는 내용입니다. 에스겔은 포로로 끌려간 후 바벨론에서 수로공사를 하던 중 하나님으로부터 부름을 받은 선지자로 새 성전에 대한 소망을 이야기하였습니다. 그리고 다니엘은 바벨론에서 느부갓네살의 꿈을 해석하여 박수장이 되었고, 종말에 대한 예언을 한 선지자입니다.

2) 소선지서

호세아는 이스라엘 멸망 즈음에 영적인 타락으로 구제불능 상태에 접어들어간 북이스라엘에 대한 회개를 촉구한 선지자입니다. 창녀와 결혼을 하게 함으로써 이스라엘에 대한 하나님의 심정을 느껴보라는 메시지가 담겨 있습니다. 요엘은 남유대의 요아스 시대의 선지자이며 성령님의 역사를 알려준 선지자로 잘 알려져 있습니다. 아모스는 오므리 왕조의 여로보암2세 시대에 북이스라엘에게 공법을 물같이 정의를 하수같이 흘러가게 하라는 메시지를 전달한 선지자입니다. 도덕적 타락에 대한 경고를 전달한 선지자입니다.

오바댜는 북이스라엘의 여호람 시대에 예루살렘을 침공한 에돔에 대한 강도 높은 심판의 메시지를 전달한 선지자입니다. 요나는 북이스라엘의 여로보암2세 때 신흥국가 앗수르의 도덕적 타락에 대하여 회개를 촉구하는 일을 하였습니다. 이를 통해 이방도 선교와 구원의 대상임을 알려주셨습니다. 미가는 유다왕 히스기야 시대에 활동한 선지자로 믿음의 실천을 강조한 선지자입니다.

나훔은 남유대의 요시야와 초기에 앗수르에게 이스라엘을 멸망시킨 후 유다를 위협하는 행위에 대하여 앗수르의 멸망을 예언하였습니다. 그리고 하박국은 유대의 멸망 즈음에 악인이 형통한 것 같으나 결국은 망한다는 것을 전달하고 있습니다. 의인은 믿음으로 말미암아 살리라는 유명한 구절이 여기서 나옵니다. 스바냐는 유대 요시야왕 때 활동한 선지자로 여호와의 날에는 악인은 심판받고 의인은 구원받는다는 소식을 전달하였습니다.

학개는 바벨론 포로기 성전건축이 방해받아 지연되고 있을 때 예루살렘에서 성전건축을 촉구하는 내용의 말씀을 전달한 선지자입니다. 스가랴도 학개와 마찬가지로 같은 시기에 예루살렘에서 성전의 재건을 촉구하면서 성전의 재건은 메시야 왕국의 도래와 구원을 상징한다는 것을 알려주었습니다. 말라기는 느헤미야에 의해 성벽재건은 끝이 났지만 빨리 오시지 않는 메시야로 인해 율법주의에 빠져 있을 때 예루살렘에서 하나님과의 언약을 성실히 준행하라는 메시지를 전달한 선지자입니다.

III
chapter

예수님의 행적과 바울의 전도여행

1. 예수님의 행적

1) 공생애 준비

예수님은 유대의 베들레헴에서 탄생하시어 12살 소년시절에 성전에 올라간 기록이 나오고 세례요한에게 요단강 하류 베레아 지역 베다니에서 세례를 받으심으로써 공생애를 시작하십니다. 공생애의 출발점에서 예수님은 광야에서 성령님께 이끌리시어 마귀에게 시험을 받으십니다. 마귀는 육체를 가진 예수님을 시험하였습니다. 연약한 육의 속성에 관해 시험하였습니다. 그러나 예수님은 이를 모두 기록된 말씀으로 물리치셨습니다.

2) 공생애 시작

광야에서 시험을 받으신 후 곧바로 사역을 시작하십니다. 요단강 하류 베레아 지역의 베다니에서 요한, 야고보, 안드레, 베드로 등을 제자로 부르시면서 사역을 시작하십니다. 특히 베드로를 부를 때에는 그에게 이후로는 사람을 낚는 어부가 될 것임을 알려주십니다. 이 제자들을 선택하신 후 그들을 데리고 가나의 혼인잔치에 참여하시어 물로 포도주를 만드는 이적을 베푸셨습니다. 그리고 가버나움에 잠간 머무시다가 나사렛으로 가셨습니다.

3) 첫 번째 유월절

예수님은 나사렛에서 바로 유월절에 예루살렘으로 올라가십니다. 그곳에서 약 8개월 정도 머무시면서 성전을 청결케 하시고, 니고데모에게 거듭남을 가르쳐 주셨습니다. 그리고 예루살렘에서 갈릴리로 오시면서 사마리아 지역을 지나십니다. 그곳 수가성에서 우물가의 여인을 만나 복음을 전하십니다. 영원히 목마르지 아니하는 샘물이 있다고 알려주십니다. 그리고 가나로 가셔서 그곳에서 신하의 아들의 병을 고쳐주십니다. 그 후 본 동네 나사렛으로 갔지만 배척을 받으시고 가버나움에서 4명의 제자를 세우십니다. 그리고 갈릴리에서 복음사역을 시작하십니다. 가버나움에서 복음사역을 하시면서 중풍병자를 고치시고, 마태를 부르셨습니다.

4) 두 번째 유월절

예수님은 두 번째 유월절이 되자 예루살렘으로 올라가십니다. 그곳의 베데스다 연못에서 38년 된 병자를 고치십니다. 그리고 다시 가버나움으로 오셔서 12제자의 선택을 완성하십니다. 이 지역에서 예수님의 첫 번째 설교인 산상수훈을 하십니다. 그리고 가버나움에서 백부장의 종을 고치시고, 나인성에 들어가셔서 과부의 아들을 살려주었습니다.

5) 세 번째 유월절

예수님은 벳새다에서 오병이어의 이적을 베푸신 다음 게넷사렛 호수위를 걸어오십니다. 베드로가 예수님께 명하라고 하여 물위를 걷는 첫 번째 사람이 됩니다. 이일 후 예수님은 두로와 시돈으로 가서 그곳에서 수로보니게 여인의 딸이 흉악히 귀신들려 그를 고쳐주십니다. 그리고 예수님은 데가볼리에서 물고기 2마리와 떡 7개로 4,000명을 먹이셨습니다. 예수님은 마가단 지역에서 표적을 보여 달라고 하시자 요나의 표적밖에는 보여줄 것이 없다고 하였습니다.

그 후 예수님은 가리사랴 빌립보 지역에서 베드로로부터 신앙고백을 받으십니다. 그리고 비로소 예수님이 제자들에게 수난을 받고 죽임을 당할 것임을 알려주십니다. 그리고 요한, 야고보, 베드로를 데리시고 변화산에 올라가셔서 모세, 아브라함을 만납니다. 다시 가버나움으로 오셔서 제자들을 집중적으로 훈련시키셨습니다. 예수님은 사마리아도 들리시지만 사마리아인들이 영접지 않았습니다. 초막절 중간에 예수님이 예루살렘에 오셔서 가르치시고, 베다니 마리아와 마르다 집에서 계시다가 예루살렘에서 사역하시고, 베다니에서 나사로의 부활을 일으키셨습니다. 그리고 베레아에 오셔서 3개월 동안 머무시면서 복음을 전파하셨고, 여리고를 통과하다가 삭개오를 만나 그 집에서 하루를 유하시고, 베다니에서 마리아가 향유옥합을 깨드리는 것을 경험하셨습니다. 그리고 예루살렘에 입성하십니다.

6) 예루살렘의 입성과 수난 행적

예수님은 일요일 예루살렘 입성하시고 저녁에 베다니로 내려가 머무십니다. 그리고 월요일에는 도둑의 소굴이 된 예루살렘성전을 청소하신 후 다시 베다니로 나오십니다. 화요일 다시 예루살렘 성전으로 가셔서 종교지도자들에게 질문에 답을 하셨습니다. 그리고 목요일 마가의 다락방에서 최후의 만찬을 진행하셨습니다. 목요일 저녁에 겟세마네 동산에서 기도하시고 잡히셨습니다. 겟세마네 동산에서 잡히신 예수님은 안나스 관저에서 한번 심문을 받으셨습니다. 그리고 대제사장들과 장로들은 가야바의 관저에서 예수님에 대한 예비심문을 하고, 가야바 관저에서 심문을 하였습니다. 베드로가 닭 울기 전에 3번 부인할 것이라는 예수님의 예언이 가야바의 관저에서 성취됩니다.

금요일에는 헤롯 안디바 궁에서 심문을 받으시고, 안토니 요새에서 십자가형이 확정되었고, 골고다 언덕에서 십자가에 돌아가셨습니다. 그리고 일요일에 부활하셔서 갈릴리로 가셔서 제자들에게 모든 족속으로 제자 삼아 아버지와 아들과 성령의 이름으로 세례를 주고 내가 분부한 것을 가르치라는 지상명령을 주십니다. 다음은 예수님의 마지막 6일간의 행적입니다.

〈예수님의 행적 지도〉

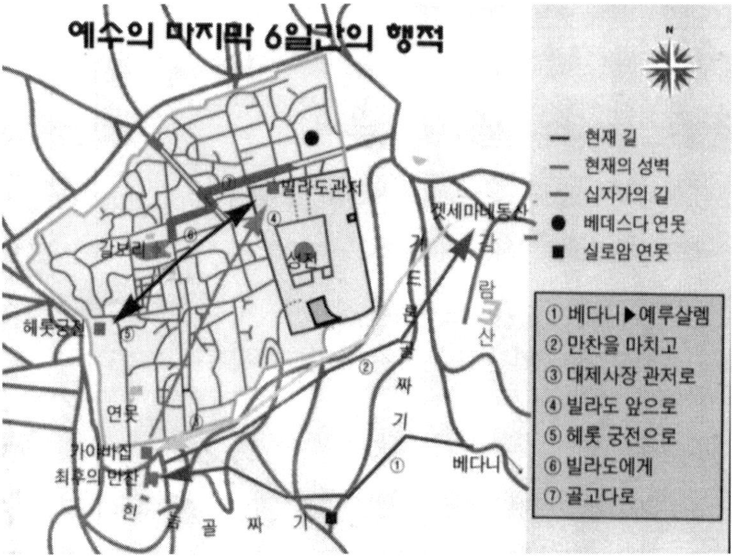

자료 : www.s-mok.co.

2. 사도바울의 선교여행과 바울서신

사도바울은 예수 믿는 사람들을 잡아서 공회에 넘겨주기 위해 다메섹으로 가던 도중 부활하신 예수님을 만나면서 극적으로 변화되게 됩니다. 그때부터 바울의 사역이 시작됩니다. 다메섹에서 아나니아의 안수기도를 받고 다메섹 도상에서 예수님을 만날 때 빛에 의해 멀었던 눈이 회복되어 복음을 전하기 시작하였습니다. 바울은 길리기아 다소 출신으로 가말리엘의 문하에서 율법공부를 하였습니다. 당시 헬라어를 능통하게 사용했고, 율법에 관한한 수준급에 올라 있었던 청년이었습니다.

바울은 다메섹 도상에서 변화된 후 바나바에 의해 안디옥 교회의 목회자로 발탁되기 전 길리기아 다소로 와서 있다가 아라비아를 한번 다녀오는 등 복음을 나름대로 전하였을 것으로 추측합니다. 바울의 생애는 4차의 선교여행으로 우리들에게 잘 알려져 있습니다.

1) 1차 선교여행

안디옥 교회에서 온 회중이 금식하고 기도하던 중 바나바와 바울을 선교지로 보내라는 성령님의 음성을 듣고 교회는 그들을 갈라디아로 파견합니다. 이것이 바울의 1차 선교여행입니다. 바울은 안디옥에서 실루기아를 지나 구브로라는 섬을 지나 갈라디아지역으로 들어갑니다. 구브로에는 살라미와 바보라는 지역이 있는데 살라미에서는 유대인 회당에서 복음을 전하였고, 바보에서는 바예수라는 유대인 거짓선지자 박수를 만났습니다. 그가 사도바울이 총독 서기오 바울에게 복음전하는 것을 방해하였습니다. 사도바울은 성령이 충만하여 그를 주목하고 그가 얼마동안 소경이 될 것을 선포하자 곧 소경이 되었습니다. 이를 보고 총독이 믿으며 주의 가르치심을 기이히 여겼습니다.

바울은 이 섬에서 선교한 다음 배를 타고 버가와 비시디아 안디옥으로 들어가서 선교합니다. 그 때 마가라고도 하는 요한(바나바의 생질)이 저희에게서 떠나 예루살렘으로 가버립니다. 바울은 안식일에 회당에 들어가 예수님을 소개하는 설교를 합니다. 이스라엘의 역사를 모두 이야기하면서 예수님을 소개시켰습니다. 저희들이 설교를 하자 사람들은 그들을 청하여 다음 안식일에도 이와 같은 말씀을 해 달라고 요청하였습니다. 그러자 그 다음 안식일에는 온 성이 하나님의 말씀을 듣고자 모였습니다. 유대인들이 시기하여 바울의 말을 비방하자 바울과 바나바는 너희들이 말씀을 받아야 하나 듣지 아니함으로 이방인에게로 향한다고 하였습니다. 이방인들이 그 말씀에 기뻐하고 믿기로 작정한 사람들은 모두 믿었습니다. 유대인들이 바울과 바나바를 핍박하자 그들은 먼지를 털고 이고니온으로 갑니다.

이고니온으로 가서도 유대인 회당에서 말씀을 전했습니다. 유대와 헬라의 허다한 무리가 믿었습니다. 바울과 바나바는 그곳에 오래 있어 주를 힘입어 담대히 말하니 주께서 저희 손으로 표적과 기사를 행하게 하여 주사 자기 은혜의 말씀을 전달하였습니다. 그러자 성내 무리가 유대인을 좇는 자와 두 사도를 좇는 자로 나뉘었습니다. 이방인, 유대인과 관원들이 사도들을 능욕하였기 때문에 루스드라와 더베로 가서 복음을 전하였습니다.

루스드라에 발을 쓰지 못하는 한 사람이 있었는데 나면서부터 앉은뱅이라 걸어본 적이 없었습니다. 바울은 그가 자신의 말하는 것을 잘 듣고, 그에게 구원받을 믿음이 있는 것을 보았습니다. 그래서 일어서라고 하자 그가 일어서 뛰어 걷는 역사가 나타났습니다. 이를 보고 사람들은 신들이 사람의 모양을 하고 내려왔다고 하였습니다. 이를 보고 바나바는 쓰스, 바울은 허메라고 하여 쓰스신당의 제사장이 와서 대문 앞에서 제사하고자 하자 바울은 이들을 말려 못하게 했습니다. 유대인들이 안디옥과 이고니온에서 와서 무리를 초인하여 바울을 돌로 쳐서 죽은 줄로 알고 성밖으로 끌어내자 제자들이 둘러선 가운데 바울이 일어나 성에 들어갔고 이튿날 바나바와 함께 더베로 가서 복음 전했습니다. 그리고 루스드라, 이고니온, 안디옥으로 돌아가서 제자들의 마음을 굳게하고 각 교회 장로들을 택하여 금식 기도하며 저희를 저 믿은 바 주께 부탁하고 비시디아를 지나 밤빌리아에서 배타고 안디옥으로 돌아왔습니다.

2) 예루살렘 공의회

바울은 할례문제를 해결하기 위해 예루살렘으로 올라갑니다. 그곳에서 유력한 자들을 사사로이 만나 할례를 통한 구원은 있을 수 없다는 주장을 관철시켰고 오직 예수 그리스도를 믿으면 구원이 있다는 것을 확정하였습니다. 이를 확정짓고 다시 안디옥으로 돌아옵니다.

3) 2차 선교여행(데살로니가전·후서, 갈라디아서)

예루살렘에서 돌아온지 수일 후에 바울이 바나바에게 갈라디아 지역을 다시 순회하자고 하였습니다. 그러데 바나바는 마가라 하는 요한을 데리고 가자고 하고 바울은 안 된다고 하여 의견이 엇갈려 서로 갈라서게 됩니다. 그래서 바울은 실라를 데리고 2차 선교여행을 떠나게 됩니다. 그들은 수리아와 길리기아 지역을 다니며 교회를 굳게 하였습니다.

그리고 더베와 루스드라에 이르자 그곳에서 디모데를 만납니다. 바울을 그에게 할례를 행하고 그를 데리고 떠납니다. 여러 성으로 다녀가면서 예루살렘에 있는 사도들과 장로들이 작정한 규례를 주어 지키게 하니 교회에 믿음이 더하여지고 그 수가 날마다 늘어났습니다. 성령님이 아시아에서 복음을 전하지 못하게 하여 브루기아와 갈라디아지역으로 다녀가 드로아로 갔는데 그곳에서 밤에 환상을 인하여 마게도냐로 가게 됩니다.

드로아에서 배를 타고 떠나 사모드라게로 직행하여 이튿날 네압볼리로 가고 거기서 빌립보로 갔습니다. 안식일에 기도처를 찾다가 문밖 강가에 모인 여자들에게 말하다가 두아디라성의 자주 장사로 하나님을 공경하는 루디아를 만나게 됩니다. 저와 그 집이 모두 세례를 받고 그 집에서 유하라고 강권하여 그곳에서 유합니다. 바울이 기도처로 가다가 점하는 여종을 만나자 그가 "이 사람은 하나님의 종으로 구원의 길을 너희에게 전하는 자라" 하여 여러 날을 그렇게 하였습니다. 그러자 바울은 심히 괴로워하여 그 여종에게서 귀신을 좇아냈습니다. 점하는 여종의 주인은 자신의 이익의 소망이 끊어진 것을 알고 바울과 실라를 잡아 관원들에게 끌고가 매로 치고 옥에 가두어 발을 착고에 채우고 간수에게 든든히 지키라고 하였습니다. 밤에 감옥에서 바울과 실라가 기도하고 찬미하매 갑자기 큰 지진이 나서 옥문이 열리고 매인 것이 다 벗어지자 간수가 자결하려고 하였습니다. 바울이 말리자 간수는 바울과 실라 앞에 엎드리고 구원을 구하였습니다. 여기서 바울이 "주 예수를 믿으라 그리하면 너와 네 집이 구원을 얻으리라"는 유명한 말을 하게 됩니다. 주의 말씀을 그와 그 집의 모든 사람에게 전하고 간수의 권속들이 모두 세례를 받고 음식을 차려주고 저와 온 집이 하나님을 믿었으므로 크게 기뻐하였습니다.

날이 새자 상관들이 바울과 실라를 놓으라 하였습니다. 이에 바울이 로마 사람인 자신을 죄도 정치 아니하고 옥에 가두었으니 상관들이 직접 와서 데리고 가라고 하자 로마 사람이라는 말에 그들이 두려워하여 와서 권하여 성에서 떠날 것을 청하여 장소를 이동하였습니다.

저희들이 암비볼리와 아볼로니아로 다녀 데살로니가에 이르렀습니다. 그곳의 유대인 회당에서 세 안식일에 성경을 가지고 강론하였습니다. 구약성경을 풀어 그리스도가 해를 받고 죽은 자 가운데서 다시 살아나야 할 것을 증명하고 자신이 전하는 예수가 바로 그리스도라고 하자 그 중 경건한 헬라인의 큰 무리와 적지 않은 귀부인들이 권함을 받고 바울과 실라를 좇았습니다. 그러나 유대인들은 시기하여 그들을 잡으려 하였으나 잡지 못했습니다. 그래서 바울의 일행은 베뢰아로 이동하였습니다.

베뢰아 사람들은 신사적이어서 간절한 마음으로 말씀을 받고 그런가 하여 날마다 성경을 상고하므로 그 중에 믿는 사람들이 많고 헬라의 귀부인과 남자가 적지 않았습니다. 데살로니가 유대인들이 베뢰아서 바울의 일행이 소동케 한다는 소식을 듣고 또 방해하였습니다. 그래서 바울은 먼저 가고 실라와 디모데는 그곳에 머물렀습니다. 바울을 인도하던 사람들은 아덴으로 바울을 데리고 갔습니다.

바울은 아덴에서 온 성에 우상이 가득한 것을 보고 분하여 회당에서는 유대인과 경건한 사람들, 거리에서는 사람들과 변론하였습니다. 에비구레오와 스도이고 철학자들도 바울과 쟁론

하였습니다. 그들은 이방신을 전하는 것을 알고 바울을 붙들어 가지고 아레오바고로 가며 그 새 교를 알려달라고 하였습니다. 그래서 바울을 아레오바고 설교를 하게 되었습니다. 범사에 종교성이 많다고 하면서 시작한 설교는 사람들이 하나님의 소생이라고 말하면서 그 신을 금이나 은이나 돌에 새긴 것들과 같이 여길 것이 아니라고 하였습니다. 죽은 자의 부활을 듣고 어떤 이는 조롱하고, 어떤 이는 다시 듣겠다고 하였습니다. 아레오바고 관원 디오누시오와 다마리라는 여자, 또 다른 몇 사람들이 그를 친하여 믿었습니다.

바울은 아덴을 떠나 고린도로 왔습니니다. 그곳에서 아굴라와 브리스길라를 만나 동역을 하였습니다. 안식일마다 바울이 회당에서 강론하고 유대인과 헬라인을 권면하였습니다. 실라와 디모데가 마게도냐에서 합류하였습니다. 바울이 하나님의 말씀에 붙잡혀 유대인들에게 예수는 그리스도라 증거하였습니다. 저희가 대적하여 훼방하였습니다. 거기서 옮겨 하나님을 공경하는 디도 유스도라 하는 사람의 집에 들어갔습니다. 회당장 그리스보가 온 집으로 더불어 주를 믿었고 수다한 고린도 사람들도 믿고 세례를 받았습니다. 밤에 주께서 환상중에 바울에게 두려워 말고 잠잠하지 말라고 하시면서 주께서 함께 하실 것이니 아무도 바울을 해하지 못할 것임을 알려주셨습니다. 그리고 고린도 성에 하나님의 백성이 많다고 알려주셨습니다. 바울과 그 일행은 1년 6개월 동안 그곳에 유하며 하나님의 말씀을 가르쳤습니다.

갈리오가 아가야 총독이 되었을 때 유대인이 일제히 일어나 바울을 대적하였습니다. 그러나 갈리오는 유대인들의 종교문제에 관여하고 싶어 하지 않았기 때문에 회당장 소스데네만 잡아 매로 때렸습니다. 이에 대하여 소스데네는 상관치 않았습니다. 바울은 여러 날 유하다가 형제들을 작별하고 브리스길라와 아굴라를 데리고 에베소로 갔습니다. 가기 전 겐그레아에서 서원이 있어 머리를 깎았습니다. 에베소에 도착하여 브리스길라와 아굴라를 남겨두고 가이샤랴에 상륙하여 안디옥으로 돌아갔습니다.

한편, 알렉산드리아 출신의 학문이 많고 성경에 능한 아볼로라 하는 유대인이 에베소에 이르러 브리스길라와 아굴라에게 발탁되었습니다. 그들은 하나님의 도를 자세히 풀어 설명하여 아볼로를 하나님의 사람으로 만들었습니다. 아볼로가 아가야로 건너가고자 하여 제자들에게 편지하여 그를 영접하라고 함으로써 아볼로는 고린도에 들어가게 됩니다.

4) 3차 선교여행(고린도전 · 후서, 로마서)

아볼로가 고린도에 있을 때에 바울은 에베소에 와서 사람들에게 믿을 때에 성령을 받았는지 물었습니다. 그들은 성령이 있음도 듣지 못했다고 했습니다. 그들은 요한의 세례만 받았다고 했습니다. 바울은 요한이 회개의 세례를 베풀면서 내 뒤에 오시는 이를 믿으라 하셨으니 그 분이 바로 예수님이라고 소개하였습니다. 저희들이 듣고 예수의 이름으로 세례를 받으니 바울이 그들에게 안수하자 성령이 그들에게 임하심으로 방언도 하고 예언도 하였는데 모두 12명쯤 되었습니다. 바울은 회당에 들어가 담대히 하나님 나라에 대하여 강론하였습니다. 그러자 어떤 사람이 그 도를 비방하였습니다. 바울은 제자들을 다시 세우고 두란도 서원에서 날마다 강론하였습니다. 두 해 넘게 강론을 하였다고 기록되어 있습니다.

하나님은 바울의 손으로 여러 가지 능을 행하게 하였습니다. 심지어 바울의 손수건이나 앞치마를 병든 자에게 얹으면 병이 떠나고 악귀가 나갔습니다. 에베소에 마술하는 사람들이 많았습니다. 그곳에 유대의 한 제사장 스게와의 일곱 아들이 있었습니다. 그들이 악귀를 좇아내기 위해 예수를 빙자하는 일을 하자 악귀 들린 사람이 이 두 사람에게 뛰어 올라 억제하자 그들이 상하여 벗은 몸으로 도망하였습니다. 이 일 후에 마술하던 사람들이 마술책을 모두 불살랐습니다.

그 후 바울은 마게도냐, 아가야, 예루살렘으로 가기를 계획하였고 로마도 가 볼 것을 이야기하고 있습니다. 바울은 디모데와 에라스도를 마게도냐로 보내었습니다. 이때에 에베소에는 그리스도의 도로 인해 소동이 일어났습니다. 데메드리오라 하는 은장색이 아데미의 은감실을 만들어 직공으로 벌이를 하게 할 때 바울이 우상을 섬기지 말라고 하는 가르침 때문에 영업이 천하여지고, 여신 아데미의 전각도 경홀히 여김을 받을까

염려하였습니다. 그래서 바울과 같이 다녔던 가이오와 아리스다고를 잡아가지고 연극장으로 들어갔습니다. 바울의 동료들은 바울에게 연극장으로 들어가지 말라고 했습니다. 서기장은 무리를 안돈시키고 그 모임을 흩어지게 하였습니다.

소요가 끝나자 바울은 제자들을 불러 권한 후 마게도냐로 갔습니다. 마게도냐 지경 즉 빌립보, 데살로니가, 베뢰아 지역을 다녀가며 여러 말로 제자들에게 권하며 헬라(고린도)에 이르러 그곳에서 석 달을 있다가 수리아로 가려고 했으나 유대인들이 해하려 한다는 소식을 듣고 마게도냐를 다녀 돌아가기를 작정하였습니다. 그래서 다시 베뢰아, 데살로니가, 빌립보를 거쳐 드로아에 도착하여 7일을 유합니다. 그곳에서 유두고라는 죽은 청년을 살리고 밀레도에 도착하여 에베소 장로들에게 고별설교를 합니다. 그리고 배를 타고 두로에 상륙하여 이레를 머물 때 그곳에서 제자들이 성령의 감동을 받아 예루살렘으로 들어가지 말라고 하지만 여러 날을 지낸 후 예루살렘으로 가기 위하여 가이사랴로 들어갑니다. 가이사랴에서 일곱 집사 중 하나인 전도자 빌립의 집에 들어가 유할 때 선지자 아가보가 유대로부터 내려와 바울의 띠를 가져다가 자기의 수족을 매고 예루살렘에서 유대인들이 이같이 이 띠 임자를 결박하여 이방인의 손에 넘겨주리라고 예언했습니다. 사람들이 말렸음에도 불구하고 바울은 예루살렘으로 들어갔습니다.

5) 바울의 로마행(에베소서, 골로새서, 빌레몬, 빌립보서)

바울은 예루살렘에서 아시아에서 온 유대인들에 의해 잡힙니다. 백성들이 바울을 잡아 성전 밖으로 끌고가서 죽이려 하였습니다. 예루살렘이 소동하는 것이 천부장에게 들려 저가 급히 바울이 있는 곳으로 달려가자 유대인들은 그들을 보고 바울 치기를 그쳤습니다. 천부장은 바울을 결박하라고 명령합니다. 바울은 천부장에게 부탁하여 층대 위에 서서 히브리말로 말씀 전하는 것을 허락받습니다. 그래서 자신의 회심 이야기를 합니다. 바울이 공회에서 해명을 하였고 공회 앞 대중들 속에 바리새인과 사두개인들이 섞여 있음을 알고 부활에 관한 이야기를 하였습니다. 그러자 분쟁이 일어나 두 파로 갈리게 되었습니다. 유대인들이 당을 지어 바울을 죽이려 하였습니다. 천부장은 바울을 보호하기 시작했습니다.

베스도가 부임한지 3일 후에 대제사장 아나니아와 장로들과 변사 더둘로는 함께 바울을 고소했습니다. 더둘로가 이 사람은 염병이라 천하에 퍼진 유대인을 다 소요케 하는 자라고 고소하였습니다. 바울은 이에 변명하였습니다. 바울은 감옥에 갇히게 됩니다. 그러자 바울은 가이사에게 상소하였습니다. 베스도는 바울이 가이사에게 호소하였으니 가이사에게 갈 것이라고 했습니다.

바울은 가이사랴에서 로마로 압송됩니다. 가이사랴에서 다른 죄수 몇 사람과 아드라뭇데노 배를 타고 시돈에 도착합니다. 시돈에서 바울은 율리오로부터 선대받습니다. 시돈에서 배를 타고 떠나 루기아의 무라성에 도착합니다. 거기서 백부장이 이달리야로 가는 알렉산드리아 배를 만나 바울의 일행이 오릅니다. 배는 여러 날 만에 미항에 도착합니다. 바울은 미항에서 행선을 하면 화물과 배와 생명에도 타격이 있을 것이라고 했습니다. 그러나 선장과 선주의 말은 바울의 생각과 달랐습니다. 그래서 출발하게 됩니다. 출발 후 얼마 못되어 유라굴라라는 광풍을 만났습니다. 그래서 표류하게 됩니다. 표류 중 바울의 배는 아드리아 바다에서 이리 저리 쫓겨 갔습니다. 밤이 되어 섬에 도달하였습니다. 바울의 배가 머문 곳은 바로 멜리데 섬이었습니다. 그곳에서 토인들은 바울이 독사에 물렸음에도 죽지 아니하는 것을 본고로 그를 신으로 생각하여 경배하려고 했습니다. 바울은 섬의 제일 높은 사람 보블리오를 만나 부친의 열병을 고쳐줍니다. 다른 병든 사람들도 와서 고침을 받았습니다. 그 후 바울은 수라구사를 거쳐 로마에 도착하게 됩니다. 그곳에서 구금된 생활을 하게 됩니다.

6) 4차 선교여행(디모데전서, 디도서)과 2차 구금

바울은 로마에서 석방되었습니다. 석방되어 그레데를 거쳐 자신이 선교하였던 지역을 되돌아봅니다. 에베소, 골로새, 드로아, 빌립보, 데살로니가, 베뢰아, 아테네, 고린도를 둘러보고 다시 로마로 돌아옵니다. 로마에서 2번째 구금이 됩니다. 이 때

디모데후서를 쓰게 됩니다. 그 후의 바울의 행적은 나타나지 않습니다. 순교한 것으로 추측합니다.

Ⅳ chapter

교 회 사

교회사를 시대적으로 분류할 때 일반적으로 초대교회사, 중세교회사, 종교개혁사, 근대교회사로 구분합니다. 여기서도 이와 같은 분류를 이용하여 교회사를 알아봅니다.

1. 초대교회사(그리스도 탄생~A.D. 590년 교황 그레고리 1세의 등장)

1) 사도시대

예수님의 죽음 이후 예수님으로부터 직접적인 명령을 받은 제자들이 활동하던 A.D. 100년까지를 사도시대로 분류합니다. 사도들이 활동하면서 교회를 개척하였고, 신약성경을 기록했었던 시기입니다. 이 시기는 정치적으로 로마의 통치권 아래 있었으며 예루살렘, 안디옥, 로마, 에베소, 고린도, 빌립보, 베뢰아, 아덴, 골로새 교회 등 초대교회의 태동과 함께 교회의 제도와 예배가 형성되었습니다. 그리고 이 사도시대 즉 A.D. 90년 얌니아 종교회의에서 구약의 39권이 확정되게 되었습니다.

2) 사도후시대(A.D. 100~A.D. 313년)

사도후 시대는 사도들이 모두 죽고 그 이후의 시대를 말합니다. 이 시기에는 교회가 로마의 박해를 많이 받았으며 교부들과 변증가들을 통하여 사도적 전통과 기독교의 합리성을 옹호하던 시기였습니다. 처음으로 그노시스파(영지주의) 등과 같은 이단들과 분파주의 때문에 혼란을 겪었었던 시기입니다. 이 시기에 교회의 정치와 예배의식들이 규정되었습니다.

3) 니케아 공의시대(A.D. 313년~590년 그레고리의 등극)

이 시기에 기독교가 로마의 국교가 되었습니다. A.D. 379년 테오도시우스 황제 때 로마의 국교로 지정되었습니다. 이 시기에는 또한 신학적 체계를 세워졌던 기간이기도 합니다. 먼저, 325년 제1차 니케아공의회가 콘스탄티누스 황제에 의해 소집되었습니다. 이 회의에서 니케아 신조 즉 그리스도의 신성을 확립하였습니다.

그리고 381년 콘스탄티노플공의회는 테오도시우스 황제가 소집하였습니다. 동로마제국이 중심이 된 회의였습니다. 니케아 신조의 기독론을 확정하였으며, 성령님의 동질성을 승인한 회의였습니다. 니케아 신조는 다음과 같습니다.

니케야 신조: "우리는 한 하나님을 믿는다. 그분은 성부이시며 전능하시고 보이는 것과 보이지 않는 것 모두를 만드신 분이시다. 그리고 우리는 한 주님이시요 하나님의 아들이신 예수 그리스도를 믿는다. 그분은 성부로부터 나셨고, 독생자이시며, 성부의 본질로부터 나오셨으며, 하나님으로부터 나온 하나님이시며, 빛으로부터 나온 빛이시며, 피조된 것이 아니라 나온 것이며(begotten not made), 성부와 동일본질(homoousios: same substance)이시다...... 우리는 성령을 믿는다. '그가 존재하지 않았던 때가 있었다.'(There was when he was not)거나 '그는 태어나기 전에는 존재하지 않았었다.'(Before being born he was not)거나 '그는 무로부터 존재하게 되었다'(He came into existence out of nothing)라고 말하는 자들, 그리고 하나님의 아들은 상이본질 또는 상이본성을 지니고 있다거나 가변적이라고 말하는 자들을 공교회와 사도교회는 정죄한다."

431년에는 에베소공의회가 테오도시우스 2세에 의해 소집되었습니다. 이 회의에서 네스토리우스가 파문당했습니다. 427년 콘스탄티노폴리스 대주교로 임명된 네스토리우스는 열성적으로 아리우스파를 배척했고 그리스도 예수가 니케아 신경에서처럼 단일한 위격(位格)을 가진 것이 아니라 인간의 위격과 신의 위격, 서로 다른 두개의 위격을 가지고 있다고 설교했습니다. 그러나 알렉산드리아 교구의 주교인 성 키릴루스의 반대를 받았습니다. 테오도시우스 황제는 네스토리우스의 주장에 찬동했으나 키릴루스는 풀케리아를 자기편으로 끌어들였고 431년 에베소 공의회에서 네스토리우스는 파문당했습니다. 테오도시우스는 435년 네스토리우스를 아라비아의 페트라로 유배보냈습니다. 아리우스파는 예수님에게 하나님의 신이 내려와 씌여서 인간의 역사에 관여하다가 예수님이 돌아가심으로 하나님도 돌아갔다는 주장을 하는 사람들의 무리를 말합니다.

451년 칼케돈공의회가 마르시아누스에 의해 소집됩니다. 정통교회의 신조를 확정합니다. 니케아, 콘스탄티노플, 에베소 회의를 확인하였고, 예수 그리스도의 신성과 인성을 확립하였습니다. 이 회의에서 칼케돈 신조를 확립하였습니다. 이 칼게돈 신조는 로마의 감독 레오가 기초함으로써 신학적 체계가 이루어진 것으로 평가됩니다. 칼케톤 신조는 다음과 같습니다.

"우리 주 예수 그리스도는 신성에 있어서 완전하시고 인성에 있어서도 완전하신 참 하나님과 참 사람이시다. 이성인 마음과 몸을 가지셨고, 신성은 하나님과 동질이며 인성은 우리와 동질이다. 이 양성은 섞이지 않고, 변하지 않고, 갈리지 않고, 각 성질이 보존되어 한 인격을 이루었다."

그리고 이 시기에 성 어거스틴의 신학사상이 출현합니다. 어거스틴 하면 바로 은총론을 떠 올릴 수 있습니다. 은총론은 그리스도의 사람들은 하나님의 불가항력적인 은총에 의해 구원을 받게 되었다는 것입니다. 그는 인간의 구원은 하나님의 계획과 예정에 의해 이루어진 것으로 주장하였습니다.

기독교 초기 약 500년은 하나님이 백성들에게 고난과 박해를 통해 승리의 기쁨과 소망을 주신 기간입니다. 로마의 박해와 배교자들 그리고 이단자들의 등장으로 혼란한 가운데 교회 질서가 확립되었고, 중세교회의 내면에도 정통교회의 역사가 면면히 흐르게 만들었습니다. 이 시기에 성경을 정경화시켰고 신조를 체계화하였습니다. 현재의 신약성경은 367년 아타나시우스가 신약성경 27권 추천하였고, 그 후 393년 히포 레기우스 종교회의에서 27권이 채택되었고, 397년 제 3차 아프리카의 카르타고 종교회의에서 최종적으로 확정되었습니다.

4) 초대교회사의 특징

초대교회사는 이교도들의 도전에 맞서 성경의 정경성과 기독교의 신조 등 교리를 체계화시킨 기간이라 할 수 있습니다. 그러나 이 시기에 삼위일체와 기독론 같은 신학적 논쟁으로 말미암아 결국 동서 교회로 분리되기도 했습니다. 동방교회는 서방교회처럼 황제로부터 독립적이 될 수 있었던 적이 한 번도 없었고 언제나 황제의 감시를 받았습니다. 로마제국의 몰락 후 서방교회는 제후 측으로부터 정치상의 강대한 경쟁상대가 없었기 때문에 자유로웠습니다.

3세기 특히 235~285년에 걸쳐 내외적으로 심각한 위기를 맞이하였습니다. 내적으로는 권력의 불안정과 시민전쟁, 경제위기와 무정부상태에 시달렸고, 외적으로는 사산조 페르시아와 경쟁하였고 이 시기에 게르만족의 침입이 일어났습니다. 이 위기를 극복하기 위하여 285년 디오클레티아누스 황제는 동로마와 서로마를 분리시켰으며, 제국의 서쪽부분을 동료 장군이자 친구인 막시미아누스에게 맡겼습니다. 제국 분할이후 동로마와 서로마의 갈등이 고조되었고 결국 콘스탄티누스 대제가 통일하여 기독교를 공인하게 됩니다. 콘스탄티누스대제는 수도를 동로마의 콘스탄티누스로 옮겨서 로마를 통치하였습니다.

그 후 395년 로마제국의 테오도시우스 황제가 사망합니다. 그래서 큰 아들 아르카디우스는 동로마를, 작은 아들 호노리우스는 서로마를 통치하도록 유언합니다. 테오도시우스 황제는 제국을 통치의 효율성을 위해 분할한 것입니다. 그러나 아들들은 분리하여 통치하면서 서로 멀어지게 되었고 결국 분리됩니다.

476년 서로마제국의 몰락과 동시에 동서교회의 완전한 분리가 실현되었습니다. 이로써 동방교회는 황제의 관할 하에 있었으나 로마의 감독은 그 통제 하에 둘 수 없었습니다. 서방세계의 강력한 국가적 통치자가 없는 동안 교황은 영적이며 현재적 지도자의 위치에 올라서게 되었습니다.

라틴계의 서방교회는 실제적인 제도를 중시하는 편으로 기울었습니다. 서방교회는 정통적인 교의를 세우는 일에는 크게 신경을 쓰지 않았습니다. 초대교회의 역사는 서로마제국의 멸망으로 그 역사가 종식되고 중세교회로 넘어가게 됩니다.

2. 중세교회사(A.D. 590~1517년 종교개혁)

교황 그레고리 1세의 취임과 함께 중세교회가 시작된다고 봅니다. 중세교회는 성직자에 의해 집행되는 세례(유아세례), 견진(입교문답), 고해성사, 매주일성찬, 종부성사(병자성사), 혼배성사, 서품의식과 같은 7성례 중심의 구원론을 강조하였습니다. A.D. 1054년 십자군 전쟁으로 인하여 교회는 동방교회와 서방교회로 완전히 분열됩니다.

중세교회시대에는 기독교가 가장 타락하고 부패하게 됩니다. 중세교회시대 약 1000년(590-1517년)동안 교회는 국가의 지배를 벗어나 국가 위에 군림하였습니다. 그리고 교회는 외형적인 의식에 치우쳤고, 교황은 국가권력을 장악하여 극도로 부패하고 타락하게 되었습니다. 교황의 권력이 하나님의 말씀보다 위에 있었습니다. 따라서 타락할 수밖에 없었습니다.

이러한 타락을 바로잡기 위해 수도원 운동이 일어납니다. 도미니크 수도회의 탁발수도원 운동과 성프랜시스 교단 등이 등장하였습니다.

A.D. 800년 프랑크왕국의 찰스대제가 로마 교황에게 왕관 씌워줄 것 요청하자 이를 수락합니다. 황제의 위상이 너무 높아지게 되었습니다. 이를 대표하는 사건은 바로 "카놋사의 굴

욕"입니다. A.D. 1077년 카놋사의 굴욕은 독일 헨리4세와 교황 그레고리 7세 사이에 일어난 사건으로 헨리4세가 왕의 인가를 받기 위해 눈밭에서 3일을 황제께 빌었다는 것입니다.

또한 이 시기에 신학철학도 상당수 나타납니다. 토마스 아퀴나스의 스콜라철학이 등장합니다. 이 철학은 자연과 창조현상에서 하나님의 계시를 찾으려 하였습니다. 또한 이 시기에 이성을 추구하였고, 선행의 노력으로 하나님께 이르려는 신학구조를 이야기하였습니다. 이는 성 어거스틴의 계시신학과 완전히 대비되는 것입니다.

3. 종교개혁사

1) 마틴 루터

1512년 신학박사 수여 후 성서주의학 교수로 30년 재직한 마틴 루터는 어거스틴수도원의 부원장으로 부임하였습니다. 그는 1513-1518년까지 시편, 로마서, 갈라디아서, 히브리서를 강해하였습니다. 마틴 루터는 초기에 스콜라주의 성향을 보였으나 후기에는 성 어거스틴의 은총론에 가까이 가게 되었습니다.

그는 로마서 1장 17절(오직 의인은 믿음으로 살리라..)의 해석과 관련한 학문적 토론을 하고자 하여 1517년 로마서 강해 중 95개조의 항의문을 발표하였습니다. 이 내용이 인쇄되어 삽시간에 유럽전역에 퍼짐으로써 종교개혁으로 이어지게 되었습니다(1517-21년까지 논쟁). 1521년 이후 루터는 바르트부르그 망명생활 중 성경을 독일어로 번역하는 위대한 작업을 마무리 지었습니다.

2) 스위스의 종교개혁

쯔빙글리의 쮜리히 종교개혁운동에 의해 스위스의 종교개혁이 이루어집니다. 1518년 쮜리히시 목사로 부임한 쯔빙글리는 신학을 강의하였습니다. 그는 연옥설과 수도원제도를 공격하였으며 미사폐지, 예배당 성화와 성상철폐를 주장하였습니다. 그의 개혁운동은 타지역으로 확대되었습니다.

3) 칼빈의 제네바 종교개혁 운동

칼빈은 1535년 기독교강요를 출판하였습니다. 그는 1536년 제네바에 머물면서 종교개혁운동에 동참하였습니다. 그는 신정정치 수립을 위해 14년간 제네바에서 헌신하였습니다. 성경을 가르쳤습니다. 칼빈은 새로운 교회통치를 구성하였습니다. 그 구성은 목사, 박사, 장로, 집사를 포함하고 있습니다.

4) 영국의 종교개혁

헨리8세의 이혼사건을 계기로 일어납니다. 헨리8세는 캐더린과 사이에서 메리라는 딸만 있었고 아들이 없었습니다. 그래서 교황청에 이혼을 허락해 줄 것을 요구하였습니다. 이를 교황 클레멘트7세가 허락지 않았습니다. 그러자 헨리8세는 궁녀인 앤 보울린과 교황청의 허락 없이 결혼합니다. 그러자 교황은 헨라8세를 파문하였습니다.

파문된 헨리8세는 영국국교의 독립을 선언하였습니다. 그는 교황청에 돈 보내는 것을 금지하였습니다. 헨리8세는 또한 앤과 결혼하여 아들이 없이 엘리자베스만 낳고, 다시 제인 시므어와 결혼하여 에드워드6세를 낳습니다.

헨리의 아들 에드워드6세는 켄터베리 대주교(크랜머)를 통해 예배의식서(1549년)를 출판하였습니다. 영국국교 신앙고백 42개 신조를 만들었습니다. 에드워드가 죽고 영국에는 메리 여왕이 즉위했습니다. 그녀는 다시 로마 카톨릭으로 돌아갔고, 크랜머 대주교는 1556년 화형되었습니다.

메리 이후 엘리자베스 여왕이 즉위(1558)하여 영국은 개신교 신앙으로 돌아갔으며, 매튜파커 대주교를 임명하여 카톨릭과 칼빈의 중간 입장을 취함으로써 영국국교를 안정시켰습니다. 교리는 칼빈주의(39개조 신앙고백)였습니다.

종교개혁시대는 루터와 칼뱅 그리고 쯔빙글리 같은 개혁자들이 활동했던 나라들을 중심으로 17세기 이후 개신교의 청교도 운동과 경건주의 운동, 복음주의 운동의 기초를 제공했습니다.

4. 근대교회사

1) 청교도 운동

청교도 운동은 모든 비성서적 신앙과 생활을 정화하기 위해 시작되었습니다. 그래서 청교도들은 영국국교의 정화운동을 펼치려 하였고, 영국국교의 공공기도서에 저항하고 거부하는 운동을 일으켰습니다. 또한 교회운영에 문제를 제기하였고 회중 이상의 어떤 영적 권위가 없다고 하였으며 장로주심의 올바른 치리를 강조하였습니다. 영국국교는 자유의지설을 강조한 반면 청교도는 예정설 강조하였습니다. 1640년 150명의 청교도들이 웨스트민스터회의를 열고 장로교 칼빈주의 신앙고백을 채택하였습니다.

2) 온건파 청교도 운동

청교도는 두 개의 파로 나뉘어 있었습니다. 국교내에서 개혁하자는 온건파와 분리하자는 분리파로 나뉩니다. 제임스 1세 때 청교도들이 시련을 겪게 되면서 청교도들이 청원서를 제출하였으나 결론을 내리지 못하고, 다만 1604년 성경을 영어로 번역하기로 결정만 하였습니다. 그것이 바로 킹제임스 버전입니다. 그리고 1581년 앤드류 멜빌의 인도로 청교도 총회가 장로교 교리장정을 만들었습니다.

3) 미국으로 이주

제임스이후 찰스1세가 즉위하자 정치, 종교적 부패현상에 청교도는 실망하여 미국으로 이주할 계획을 세웁니다. 1620~1640년 사이 약 20,000명의 청교도들이 미국으로 이주하였습니다. 그들의 첫 번째 이주는 메이플라워호를 타고 진행됩니다. 다음과 같이 잘 알려져 있습니다.

"1620년 8월 15일 메이플라워호는 사우샘프턴을 출항했으나, 같이 출항했던 스피드웰호가 누수(漏水) 고장을 일으켜 다시 돌아왔습니다. 그래서 같은 해 9월 16일 단독으로 영국의 플리머스항(港)을 출발(108명)하여 11월 19일에 케이프코드만(灣)을 경유하여 11월 21일 오늘날의 프로빈스타운에 입항하여 선박수리와 보급(補給)을 받은 후, 12월 21일 매사추세츠주(州) 연안에 도착하였습니다. 이 지역을 플리머스로 명명하였습니다. 이 선박은 다음해 봄까지 플리머스항에 정박했다가 4월 5일 런던으로 되돌아갔습니다."

4) 베스트팔렌조약

1618에서 1648년까지 30년간 유럽에서는 신교와 구교 간의 종교전쟁이 이 베스트팔렌조약에 의해 종결되었습니다. 이 조약을 통해 '주권' 개념이 확립되었습니다. 그리고 신교와 구교 중 선택권은 국가에 맡기기로 결정하였습니다. 오늘날과 같은 주권국가의 개념이 등장하였고, 근대적 국제사회질서의 기원이 되었습니다. 1776년 공포된 미국의 독립헌법과 1789년 프랑스 혁명에 잘 명시되어 있습니다. 그리고 1800년대 이후부터 국가와 교회는 서로 간섭하는 관계가 아니라 상호 보완적인 관계로 발전했습니다. 따라서 미국의 헌법은 종교의 자유를 인정하게 되었고 그 영향은 세계나라에 영향을 미치게 되었습니다.

5) 19세기 자유주의 신학 운동

(1) 역사적 배경

자유주의 신학운동은 종교개혁적 전통에 대한 도전으로 나타납니다. 신앙, 은총, 성서중심에 대한 도전입니다. 이는 이성중심의 철학적 영향과 자연과학적 발전에 힘입어 이성적, 합리적 신학해석을 도모하는 운동입니다. 그들은 하나님을 시계제조업자로 생각하였습니다. 마치 시계는 만들어 놓으면 간섭이 없이도 돌아가는 것처럼 말입니다.

자유주의 신학운동의 실례는 프랑스의 자연주의와 독일의 합리주의입니다. 프랑스의 자연주의는 부자와 빈자, 종과 주인의 대립으로 나타나는 현대사회의 타락성을 지적하면서 자연에로의 복귀를 구원으로 생각하였습니다. 그리고 독일의 합리주의는 신화와 초자연적인 기적을 부인하였고, 이성을 선하게 보았습니다. 그들은 원죄를 부인하였고, 그리스도의 신성을 거부하였습니다. 그래서 역사적 예수만 인정하였고, 도덕적 유토피

아를 주장하였습니다. 대표적인 학자로는 볼포트, 스피노자, 라이프니찌 등이고 이들은 데카르트의 영향을 받은 사람들입니다. 그리고 헤겔, 칸트, 파울루스 등도 여기에 포함됩니다.

(2) 특징

자유주의 신학자들은 성경의 합리적 해석을 시도하였습니다. 파울루스는 예수님이 물위를 걸으신 사건을 어두운 해변을 걸으신 것을 제자들이 착각하여 기록한 것이라고 주장하였고 역사적 예수를 강조하였습니다. 예수님은 구세주가 아니라 교사이며, 모범을 보이신 분이시며, 예언자라고 하였습니다. 그리고 천국의 내재성 즉 지상에서 실현되는 천국을 강조하였습니다. 그들은 구원관에 대한 새로운 해석을 시도하였고 계시신학보다 자연신학을 강조하였습니다. 즉 자연 속의 일반계시를 강조하여 타종교와 대화를 시도하였습니다.

6) 근본주의 신학

근본주의 신학은 자유주의 신학의 성서 비평학에 대한 도전으로 등장하였습니다. 자유주의 신학의 반발로 근본주의(미국)와 신정통주의(유럽)가 나타났습니다. 근본주의는 다음과 같은 5개의 주장을 1895년 선포하였습니다. 성서의 축자영감설(문자 하나하나가 성령의 역사로 기록되었다는 주장), 예수 그리스도의 신성, 처녀 탄생설, 대속적 속죄설, 몸의 부활과 그리스도의 재림입니다. 그래서 미국 교회는 근본주의 교회와 현대복음주의 교회로 나뉘게 되었습니다. 오늘날 미국을 비롯한 대부분의 국가에서 정통성이 가장 큰 교회는 복음주의 교회입니다.

부 록

〈동영상CD 목차〉

주차	파일번호	교 재 내 용
1주	1(OR)	I. 구약성경에 나타난 일류의 일반역사
	2	1. 하나님의 창조1(창세기1:1-13)
	3	2. 하나님의 창조2(창세기1:14-31)
	4	3. 에덴동산의 창설(창세기2:1-17)
2주	5	4. 하나님이 돕는 배필인 여자를 만드심(창세기2:18-25)
	6	5. 선악을 알게 하는 실과를 먹음(창세기3:1-13)
	7	6. 인간의 범죄로 인해 나타난 변화들(창세기3:14-24)
	8	7. 가인이 그 아우 아벨을 죽임(창세기4:1-15)
	9	8. 가인의 후예와 셋의 탄생(창세기4:16-26)
3주	10	9. 아담 자손의 계보(창세기5:1-32)
	11	10. 하나님의 아들들과 사람의 딸들(창세기6:1-8)
	12	11. 당세에 완전한 자였던 노아(창세기6:9-22)
	13	12. 노아시대의 홍수(창세기7:1-24)
	14+15	13. 새 시대의 시작(창세기8:1-22)
4주	16	14. 피에 대한 교훈과 무지개 언약(창세기9:1-17)
	17	15. 노아와 그의 아들들의 행동(창세기9:18-29)
	18	16. 셈과 함과 야벳의 후예들(창세기10:1-32)
	19	17. 바벨탑 사건(창세기11:1-9)
	20	18. 셈의 후예(창세기11:10-32)

※ 본 CD는 교재 I chapter이며, II,III,IV chapter의 동영상 강해는 홈페이지 (www.covlife.co.kr) "두란노성경공부"에서 만날 수 있습니다.

수정 : CD 강의 내용 중(파일 3번 25분 27초-29초)
"하나님이 창조되었다" → "하나님이 창조하였다"

〈12파지의 계보〉

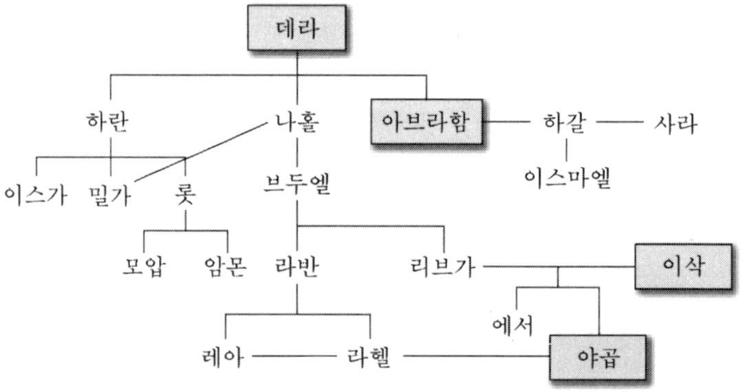

〈예언서 17권〉

분류	이름	수신자	시대	주제	장소
대선지서	이사야	유다	히스기야	하나님의 심판과 메시야에 대한 소망	남유다
	예레미야	유다	요시아	심판으로 선민의 역사가 끝나는 것이 아니라 새 언약에 기초하여 메시야로 인한 회복의 날이 마침내 도래할 것이다. 31:31 -보라 날이 이르리니 내가 이스라엘 집과 유다 집에 새 언약을 맺으리라.	남유다
	예레미야 애가	유다	유다 멸망 직후	예루살렘 함락을 애도하는 시	남유다
	다니엘	유다	1차포로 끌려가서	결국 쇠락하고 말 세상나라와는 달리, 메시야로 인해 세워질 하나님 나라의 영원함	바벨론
	에스겔	유다	2차포로 끌려가서	새성전	바벨론
소선지서	호세아	이스라엘	이스라엘의 멸망 가까이	아모스의 선언에도 불구하고 영적 타락으로 치닫는 것에 대한 회개 촉구. 즉, 깨어진 신앙	북이스라엘
	요엘	유다	요아스	성령의 역사가 강조된 구약의 성령행전. 2:28- 내영을 만민에게 부어 주리니, 너희 자녀들을 이 장래 이룽 르말할 것이며 너희 늙은이는 꿈을 꾸며 너희 젊은이는 이상을 볼 것이며....	남유대
	아모스	이스라엘	여로보암Ⅱ	최대번성기에 일어난 도덕적 타락에 대한 회개 촉구. 깨어진 삶	북이스라엘
	오바댜	에돔	여호람	예루살렘을 침공한 에돔을 향한 강도 높은 준엄한 심판의 메시지	남유대
	요나	앗수르	여로보암Ⅱ	신흥국가 앗수르의 도덕적 타락을 두고 회개를 촉구. 이방이 심판의 대상이 아닌 선교와 구원의 대상!	북이스라엘
	미가	유다	히스기야	실천적 신앙	남유대

소선지서	나훔	앗수르	요시아 초기	이스라엘을 함락시킨 후에 유다를 위협하며 악으로 치닫는 앗수르의 멸망을 예언	남유대
	하박국	유다	유다 멸망 가까이	악인이 형통한 것 같으나 하나님의 절대적인 간섭으로 결국은 악인이 멸망한다. 2:4 - 보라 그의 마음은 교만하여 그 속에서 정직하지 못하나 의인은 그의 믿음으로 말미암아 살리라.	남유대
	스바냐	유다	요시아	여호와의 날이 지닌 이중적 성격(악인에게는 심판, 의인에게는 구원), 남은자로 인한 하나님의 기쁨. 3:17 - 너의 하나님 여호와가 너의 가운데 계시니 그는 구원을 베푸실 전능자...	남유대
	학개	유다	포로귀한 후	성전재건 사업을 통해 여와 신앙을 회복하라	남유대
	스가랴	유다	성전재건기간	성전재건이 영광스런 메시야 왕국의 도래와 구원을 상징한다 4:6- 이는 힘으로 되지 아니하며 능력으로 되지 아니하고 오직 나의 영으로 되느니라	남유대
	말라기	유다	성전재건기간	하나님과 맺은 언약을 성실히 준행하는 것이 선민된 자의 본분임을 일깨움	남유대

〈400년 침묵기의 정치세력〉

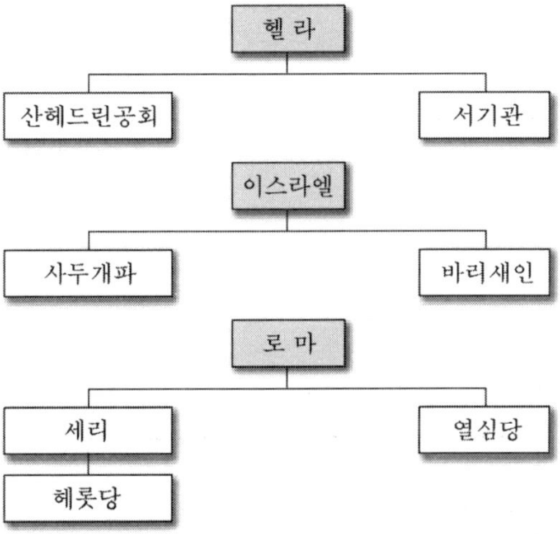

〈신구약 중간기의 세계역사〉

※ 이스라엘 역사와 관계되는 세계 열강과 중간사(영적 암흑기) : 하나님 당신이 직접 이 땅에 사람인 예수로 오시기 전에 준비하시는 기간

BC 900 / 760 / 721 / 633	612 / 605 / 587	538 / 430	330 / 280 / 167	165	63 / 37 / 19 / BC 4-3
앗수르	바벨론	바사	그리스(헬라)	마카비혁명	로마
	회당, 탈무드, 랍비, 유대교, 유대이, 유대종교 공동체 형성		알렉산더대왕 / 이집트프톨레미왕조 / 시리아셀루크왕조	수전절(성전청결) - 12월 25일	(60년간)
300년간	70년간 유지	100년간 / 100년간	30년간 / 100년간 / 34년간	100년간 유지	60년간
요나 니느웨 선교 / 북방 이스라엘 멸망(앗수르) / 나훔 앗수르 멸망 예언 / 앗수르멸망	다니엘, 에스겔포로 / 예루살렘 성전파괴(남방유다 멸망)	고레스 왕 유대인귀환 칙령 / 말라기예언 / 구약성경헬라어로 번역(70인경)	안토니오쿠스 4세 유대교심하게 핍박(절정)	하스모니안 왕조(유대교 다져지는 기간, 이두메 정복)	대해롯 유대왕으로 등극 / 헤롯성전재건(BC19-AD64 완성) / 예수님탄생
	주권이 없어짐			주권 되찾음(BC 587-165)년만에	주권 다시 상실
	남방유다멸망(바벨론)				폼베이가 이스라엘 침략

〈시대순으로 본 신약성경〉

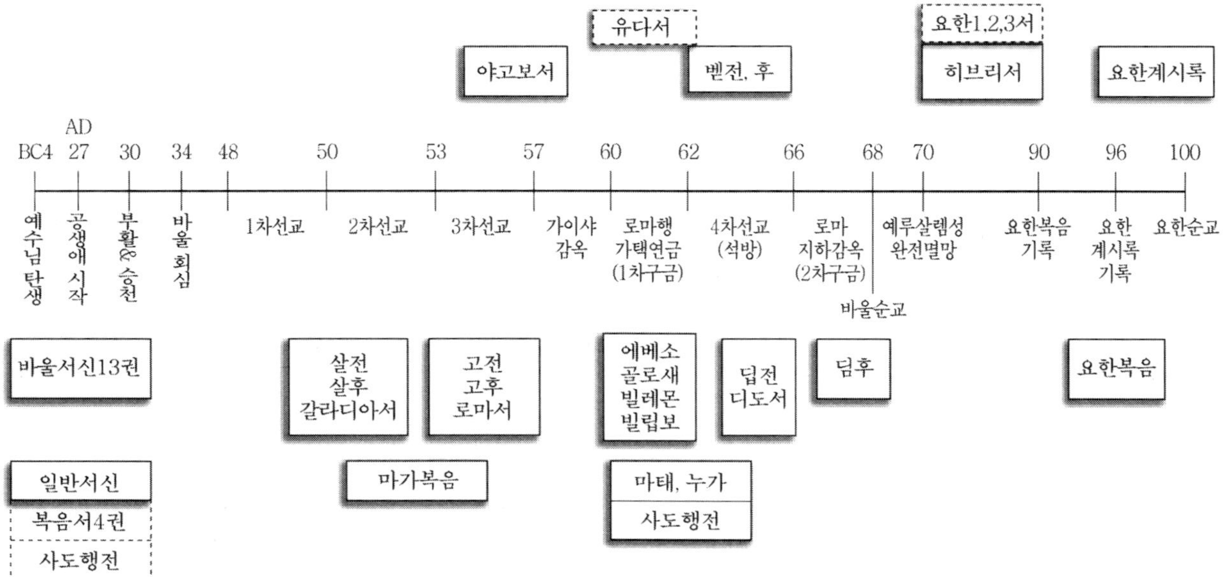
유다서
요한1,2,3서
야고보서
벧전, 후
히브리서
요한계시록
AD
BC4
27
30
34
48
50
53
57
60
62
66
68
70
90
96
100
예수님 탄생
공생애 시작
부활& 승천
바울 회심
1차선교
2차선교
3차선교
가이샤 감옥
로마행 가택연금 (1차구금)
4차선교 (석방)
로마 지하감옥 (2차구금)
바울순교
예루살렘성 완전멸망
요한복음 기록
요한 계시록 기록
요한순교
바울서신13권
살전 살후 갈라디아서
고전 고후 로마서
에베소 골로새 빌레몬 빌립보
딥전 디도서
딤후
요한복음
일반서신
복음서4권
사도행전
마가복음
마태, 누가
사도행전

〈성경전체역사〉

구약

창세기

원역사	창조
BC2000	아브라함 부르심
1500	모세출생
1400	사사시대
1000	다윗
950	솔로몬성전건축
922	남북으로 나누어짐
721	북방이스라엘 멸망(앗수르)
612	앗수르 멸망(바벨론)
605	다니엘 포로
587	남방유다 멸망(바벨론)
538	스룹바벨 1차귀환 (바사고레스 칙령발표)
516	성전재건
480	에스더 사건
458	에스라2차 귀환 믿음 재건
445	느헤미야 3차귀환
430	말라기 예언
330	100년 바사

말라기

중간암흑사

330	30년 그리스 알렉산더 대왕
300	100년 프톨레미 왕조
200	34년 셀주크 왕조
164	100년 마카비 혁명
64	60년 로마

신약

마태복음

BC4-3	예수탄생
AD27	예수공생애 시작
30	예수부활승천
34	바울 회심
48-50	바울1차 선교
50-53	바울2차 선교
53-57	바울3차 선교
58-60	가이사랴 감옥
60-62	4차선교(석방)
62-66	로마행 1차구금(가택연금)
66-67	2차구금(감옥)

68	바울 순교
70	로마 디도장군에 의해 예루살렘성 완전멸망
81	로마도미티안 황제 기독교 박해
90	요한복음 기록
96	요한계시록 기록
100	사도 요한 죽음

요한계시록

〈공생애 준비와 초기사역〉

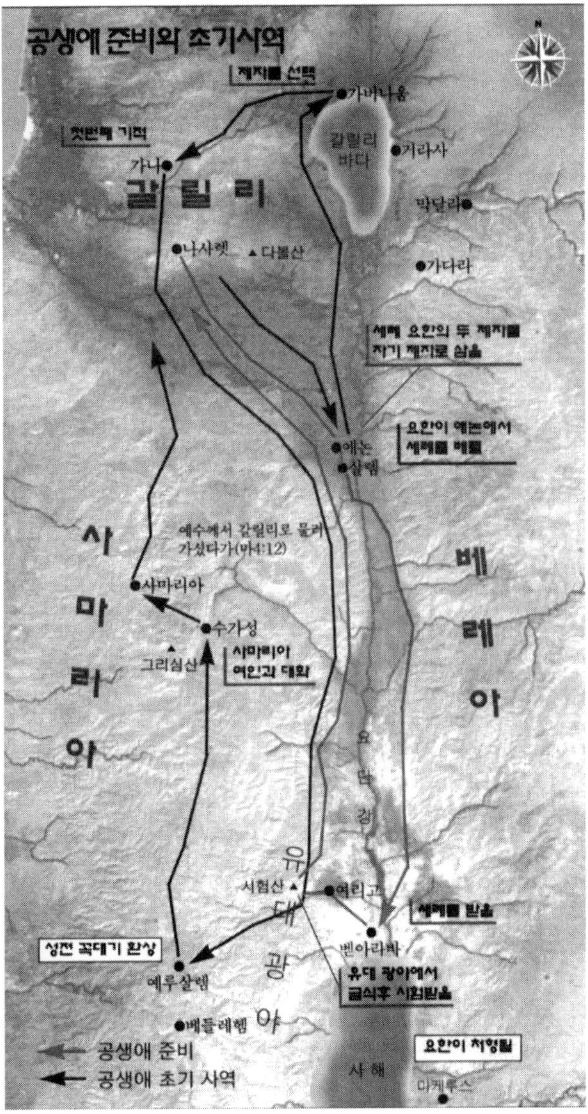

자료 : www.s-mok.com

〈바울의 1차 전도여행〉

자료 : www.s-mok.com

〈바울의 2, 3차 전도여행〉

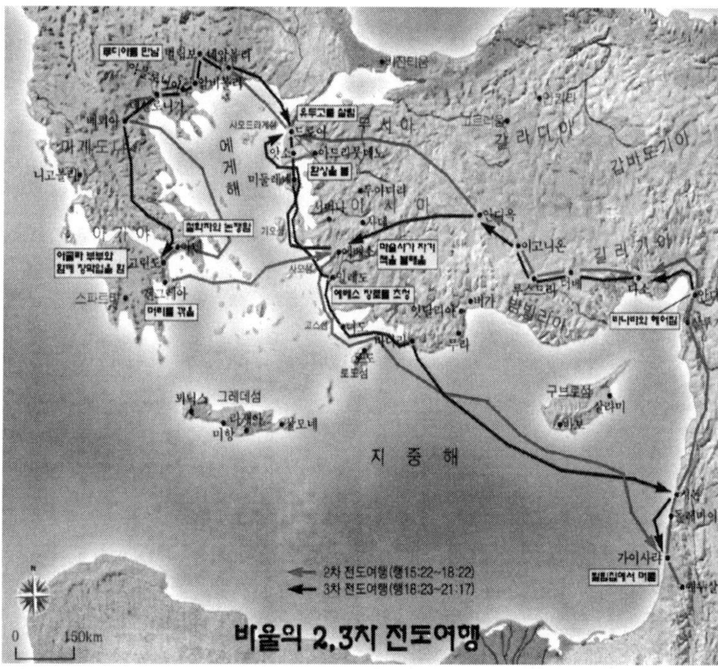

자료 : www.s-mok.com

〈이스라엘의 출애굽 경로〉

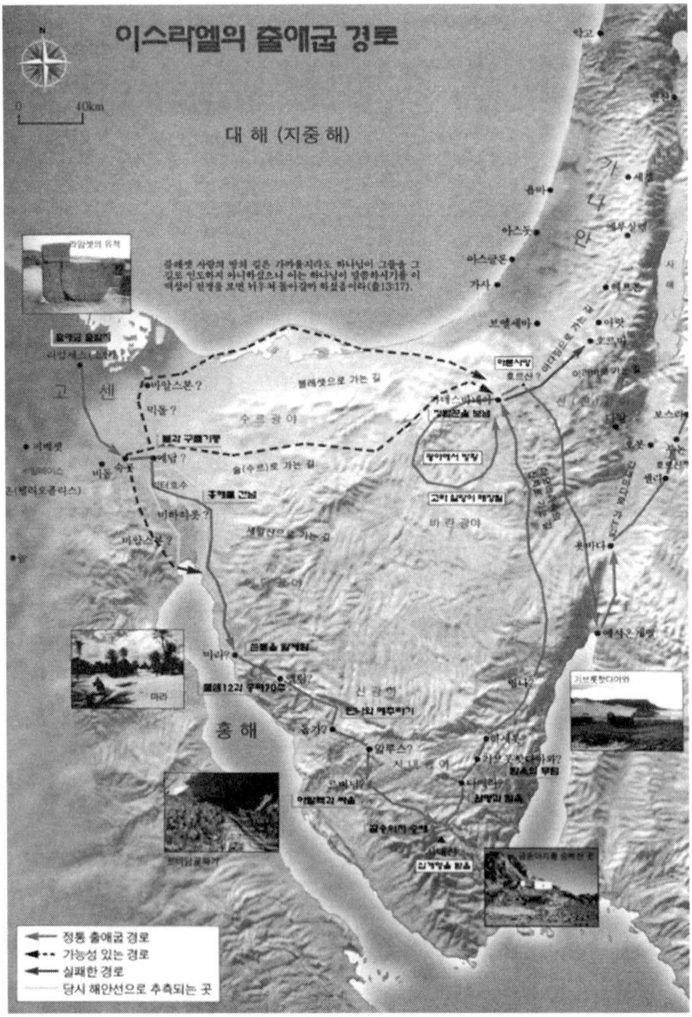

자료 : www.s-mok.com

저자 약력

* 아세아연합신학대학원 M. Div.(목회신학석사)
* (미국) University of Kentucky P. hD.(철학박사)
* (현) 대구대학교 도시행정학과 교수
* 대한예수교장로회(개혁) 영남노회 소속
* (현) 아름다운교회 담임목사
(http://www.covlife.co.kr)

이스라엘의 역사와 교회사

2010년 2월 11일 초판인쇄
2010년 2월 17일 초판발행

저 자 박 기 묵
발행인 유 성 렬
발행처 **청목출판사**
서울특별시 영등포구 신길동 233-96
전화 (02) 849-6157(代) · 2820
FAX (02) 849-0817
등록 제318-1994-000090호

파본은 바꾸어 드립니다. 값 12,000원

http://www.chongmok.co.kr

ISBN 978-89-5565-336-6